Shona Children's Dictionary

Illustrated Shona-English and English-Shona

W0007313

kasahorow
kasahorow loves African languages.

Our mission is to give African languages speakers in the world freedom by modernizing African languages.

Shona
Revised 2019-11-27
© 2018 kasahorow
www.kasahorow.org

Efia N.

Contents

Learning Guide

Hello!

We created this dictionary to help you read Modern Shona with your favourite children! Keep it by your side when reading English and Shona books.

Each entry has a date entry in the format ____-__-__ (Year-Month-Day) that you can use to record when you taught your favourite child a particular dictionary entry. The proof that they have learned is if they can translate an entry between English and Shona!

Letters of the alphabet

Modern Shona is written with the following letters.

a b c d e f g h i j k l m n o p r s t u v w y z

These letters are called the **Shona alphabet**.

Letters are joined together to form words in Modern Shona.

Saying *Yes* and *No*

As soon as they can speak, teach them to say **Yes** and **No**. We say **Yes** when we agree. **Yes** in Shona is **hongu**.

We say **No** when we disagree. No in Shona is **kwete**.

Learning words

There are many words in this dictionary to teach. Write the date you taught a word underneath the word.

0 to 2 years

Start with nouns like

musikana - [*girl*],
imbwa - [*dog*],
aini - [*iron*],
muti - [*tree*],
imba - [*house*].

2 to 3 years

Describe the nouns with adjectives like

chakanaka - [*good*],
nhema - [*black*],
potsi - [*one*],
yachembera - [*old*],
itsva - [*new*].

Show ownership with possessives like

yangu, angu - [*my*],
ako - [*your*],
ake - [*her*],
ake - [*his*],
edu - [*our*],
enyu - [*your*],
avo - [*their*].

Then start with simple verbs like

huya - [*come*]
enda - [*go*]
idya - [*eat*]
rara - [*sleep*]

4 to 7 years

Combine words with conjunctions like

. kana .. - [. *or* ..],
... ne .... - [... *and* ....].

Ready, steady, go!

Well done for teaching your favourite little people to speak simple and easy-to-understand Shona!

Have them practice with people who already speak Shona. They will correct their mistakes kindly and help them become a better Shona speaker.

Have fun!

help@kasahorow.org

Shona - English

Words in the Shona - English dictionary are arranged in this order:
a b c d e f g h i j k l m n o p r s t u v w y z

Shona-English

a b c d e f g h i j k l m n o p r s t u v w y z

a __-__

　det
the __-__

　det
a __-__ a

　pho
modern __-__ a zvino

　adj
ah __-__ aa

　exc
Accra __-__ Accra

　nom
teenager __-__ achiri kuyaruka

　nom
teenage pregnancy __-__ achiri kuyaruka
　pamuviri

　nom
acidic __-__ acidic

　pH < 7 adj
ademe __-__ ademe

　shizha nom
adverb __-__ adverb

　nom
Afar __-__ afar

　mutauro we Africa nom
Africa __-__ Africa

　nom
African __-__ African

　adj
miracle fruit __-__ agbayun

　nom
ice-cream __-__ aizi kirimu

　nom
hold __-__ akabata

　act
clever __-__ akachenjera

　adj
wise __-__ akachenjera

　adj
Akan __-__ Akan

　nom
saw __-__ akaona

　nom
his __-__ ake

　pos
her __-__ ake

　pos
your __-__ ako

　pos
algebra __-__ algebra

　nom
Ama __-__ Ama

　nom
mother __-__ amai

　nom
Amharic __-__ Amarinya

　nom
amen __-__ ameni

　exc
America __-__ America

nom
American __-__ *american*

nom
have __-__ *ane*

act
famous __-__ *ane mbiri*

adj
my __-__ *angu*

pos
who __-__ *ani*

pro
delightful __-__ *anofadza*

adj
napkin __-__ *anokodzerana*

nom
antiquity __-__ *antiquity*

nom
there __-__ *apo*

nom
while __-__ *apo*

cjn
apple __-__ *apuro*

nom
but __-__ *asi*

cjn
yet __-__ *asi*

cjn
Asia __-__ *asia*

nom
acid __-__ *asidhi*

nom
unfamiliar __-__ *asingazivi*

adj
neutron __-__ *atomu*

sci
their __-__ *avo*

pos
hour __-__ *awa*

nom
azonto __-__ *azonto*

nom
b __-__ *b*

pho
dad __-__ *baba*

nom
stepfather __-__ *baba vokurera*

mamuna itsva we amai ako nom
hoe __-__ *badza*

nom
Bambara __-__ *bambara*

nom
plank __-__ *bamhanwa*

nom
banana __-__ *banana*

kasahorow 龍

nom

valley __-__ *bani*

nom
duty __-__ *basa*

bvuvano nom
work __-__ *basa*

nom
job __-__ *basa*

nom
basil __-__ *basil*

chisimwa nom
basketball __-__ *basketball*

nom
catch __-__ *bata*

act
touch __-__ *bata*

act
masticate __-__ *bata*

act
join __-__ *batana*

act
attach __-__ *batanidza*

act
unite __-__ *batanidza*

act
integrate __-__ *batanidza*

act
bath __-__ *bath*

nom
help __-__ *batsira*

act
Baule __-__ *Baule*

nom
branch __-__ *bazi*

nom
vagina __-__ *beche*

nom
bedstead __-__ *bedstead*

nom
beetle __-__ *beetle*

chipembenene nom
shoulder __-__ *bendekete*

nom
Benin __-__ *Benin*

nom
fool __-__ *benzi*

nom
stupid __-__ *benzi*

adj
birth __-__ *bereka*

act
cockroach __-__ *bete*

nom
fare well __-__ *bhabhaisa*

exc
coat __-__ *bhachi*

nom

pay __-__ *bhadhara*

act
pail __-__ *bhagidhi*

nom
budget __-__ *bhajeti*

nom
Burkina Faso __-__ *Bhakina Faso*

nom
thunder __-__ *bhanan'ana*

nom
belt __-__ *bhandi*

nom
bank __-__ *bhanga*

nom
bicycle __-__ *bhasikoro*

nom
button __-__ *bhatani*

nom
bathroom __-__ *bhathirumu*

nom

battery __-__ *bhatiri*

nom
happy birthday __-__ *bhavhadhe ri-nofadza*

exc
biology __-__ *bhayoroji*

nom
bus __-__ *bhazi*

nom
bag __-__ *bhegi*

nom
bake __-__ *bheka*

act
basin __-__ *bheseni*

nom
bean __-__ *bhinzi*

nom
bridge __-__ *bhiriji*

nom
billion __-__ *bhiriyoni*

1 000 000 000 adj
horse __-__ *bhiza*

nom
business __-__ *bhizimisi*

nom
bottle __-__ *bhodyera*

nom
box __-__ *bhokisi*

nom
ball __-__ *bhora*

nom
football __-__ *bhora*

tsoka bhora nom
eyeball __-__ *bhorare ziso*

nom
horn __-__ *bhosvo*

nom
book __-__ *bhuku*

nom
brown __-__ *bhurauni*

adj
fly __-__ *bhururuka*

act
blue __-__ *bhuruu*

adj
bible __-__ *bible*

nom
cook __-__ *bika*

act
bill __-__ *bill*

nom
party __-__ *bira*

nom
bishop __-__ *bishopu*

nom
bodice __-__ *bodi*

nom
sex __-__ *bonde*

nom
quarrel __-__ *bopoto*

nom
squabbles __-__ *bopoto*

nom
thrive __-__ *budirira*

act
reveal __-__ *buditsa*

act
buffalo __-__ *buffalo*

nom
heal __-__ *bumbunuka*

act
hole __-__ *buri*

nom
spider __-__ *buve*

kasahorow

nom
tear __-__ *bvarura*

act
remove __-__ *bvisa*

act
sabotage __-__ *bvoronga*

nom
agree __-__ *bvuma*

act
protect __-__ *bvumbamira*

act
allow __-__ *bvumidza*

act
ask __-__ *bvunza*

act
ask ... out __-__ *bvunza-kunze*

act
bone __-__ *bvupa*

nom
shade __-__ *bvute*

nom
responsibility __-__ *bvuvano*

nom
canoe __-__ *bwato*

nom
flesh __-__ *bwinga*

nom
cast __-__ *bwirura*

nom
California __-__ *california*

nom
annoy __-__ *caphukisa*

act
gari __-__ *car*

nom
century __-__ *century*

nom
specific __-__ *chacho*

adj
very __-__ *chaizvo*

adv
charge __-__ *chaja*

sci
cheap __-__ *chakachipa*

adj
good __-__ *chakanaka*

adj
soft __-__ *chakapfava*

adj
secret __-__ *chakavanzika*

nom
secret __-__ *chakavanzika*

adj
his __-__ *chake*

pro
south __-__ *chamhembe*

nom
snow __-__ *chando*

nom
sir __-__ *changamire*

nom
boss __-__ *changamire*

nom
crowd __-__ *chaunga*

nom
fourth __-__ *chechina*

adj
tithe __-__ *chegumi*

nom
twelfth __-__ *chegumi nembiri*

adj
sixteenth __-__ *chegumi nenhanhatu*

adj
nineteenth __-__ *chegumi nepfumbamwe*

adj
cut __-__ *cheka*

act
cheque __-__ *cheki*

nom
seventeenth __-__ *chekuti nenomwe*

adj
cry __-__ *chema*

act
twentieth __-__ *chemakumi maviri*

adj
old man __-__ *chembera murume*

nom
old lady __-__ *chembere*

mudzimai yachembera nom
white __-__ *chena*

adj

keep __-__ *chengeta*

 act
save __-__ *chengeta*

 act
maintain __-__ *chengetedza*

 act
chain __-__ *cheni*

 nom
any __-__ *chero*

 adj
only __-__ *chete*

 adj
sole __-__ *chete*

 nom
Chewa __-__ *Chewa*

 nom
Afrikaans __-__ *ChiAfrikaans*

 mutauro we Africa nom
blow __-__ *chibakera*

 nom
fist __-__ *chibhakera*

 nom
balloon __-__ *chibharuma*

 nom
profit __-__ *chibviko*

 nom
covenant __-__ *chibvumirano*

 nom
gang __-__ *chichese*

 nom

drunkard __-__ *chidhakwa*

 nom
doll __-__ *chidhori*

 nom
half __-__ *chidimbu*

 nom
desire __-__ *chido*

 nom
discord __-__ *chidoonyera*

 nom
thigh __-__ *chidya*

 nom
lesson __-__ *chidzidzo*

 nom
curtain __-__ *chidzitiro*

 nom
light __-__ *chiedza*

 nom
lightweight __-__ *chiedza huremu*

 adj
French __-__ *chiFrench*

 nom
cover __-__ *chifukidzo*

 nom
product __-__ *chigadzirwa*

nom
chair __-__ *chigaro*

nom
sofa __-__ *chigaro*

nom
stool __-__ *chigaro*

nom
seat __-__ *chigaro*

nom
throne __-__ *chigaro cheushe*

nom
scissors __-__ *chigero*

nom
finger __-__ *chigunwe*

nom

thumb __-__ *chigunwe chikuru*

nom
password __-__ *chihori*

nom
what __-__ *chii*

pro
experience __-__ *chiitiko*

nom
act __-__ *chiito*

act
action __-__ *chiito*

nom
verb __-__ *chiito*

nom
food __-__ *chikafu*

nom
part __-__ *chikamu*

nom
category __-__ *chikamu*

nom
fraction __-__ *chikamu*

nom
monster __-__ *chikara*

nom
chickenpox __-__ *chikeni pokisi*

nom
boat __-__ *chikepe*

nom
hill __-__ *chikomo*

nom
reason __-__ *chikonzero*

nom
helicopter __-__ *chikopokopo*

nom
school __-__ *chikoro*

nom
schooling __-__ *chikoro*

chikoro dzidz nom
request __-__ *chikumbiro*

nom
June __-__ *Chikumi*

nom
July __-__ *Chikunguru*

nom
symbol __-__ *chikwangwani*

nom
logo __-__ *chikwangwani*

nom
loan __-__ *chikwereti*

nom
owe __-__ *chikwereti*

act
toothbrush __-__ *chikweshamazino*

nom
debt __-__ *chikwreti*

nom
song __-__ *chimbo*

nom
toilet __-__ *chimbuzi*

nom
morsel __-__ *chimedu*

nom
Thursday __-__ *China*

nom
aim __-__ *chinangwa*

nom
purpose __-__ *chinangwa*

nom
bread __-__ *chingwa*

nom
thing __-__ *chinhu*

nom
wrist __-__ *chiningoningo*

nom
adapt __-__ *chinja*

act
pointer __-__ *chinongedzo*

nom
scary __-__ *chinotyisa*

adj
disgrace __-__ *chinyadzi*

nom
bribe __-__ *chiokomuhomwe*

nom
sponge __-__ *chipanje*

nom
clinic __-__ *chipatara*

nom
butterfly __-__ *chipembenene*

nom
chest __-__ *chipfuva*

nom
nail __-__ *chipikiri*

nom
Tuesday __-__ *Chipiri*

nom
pepper __-__ *chipiripiri*

nom
gift __-__ *chipo*

nom
ghost __-__ *chipoko*

nom
spoon __-__ *chipunu*

nom
Islamic __-__ *chirairo*

we Isilam adj
womb __-__ *chirambo*

nom
service __-__ *chirango*

nom
cilantro __-__ *chirantro*

nom
sign __-__ *chiratidzo*

nom
chin __-__ *chirebvu*

nom
slate __-__ *chiredhi*

nom
dignity __-__ *chiremera*

nom
adjective __-__ *chirevo*

nom
pronoun __-__ *chirevo*

nom
statement __-__ *chirevo*

nom
clock __-__ *chiringaziva*

nom
watch __-__ *chiringazuva*

nom
mirror __-__ *chiringiro*

nom
sore __-__ *chironda*

nom
liver __-__ *chiropa*

nom
English __-__ *Chirungu*

mutauro nom
disease __-__ *chirwere*

nom
wonder __-__ *chishamiso*

nom
Friday __-__ *Chishanu*

nom
creation __-__ *chisikwa*

nom
plant __-__ *chisimwa*

nom
face __-__ *chiso*

nom
Spanish __-__ *chiSpanish*

nom
breakfast __-__ *chisvusvuro*

nom
Wednesday __-__ *Chitatu*

nom
station __-__ *chiteshi*

nom
train __-__ *chitima*

nom
store __-__ *chitoro*

nom
promise __-__ *chitsidzo*

nom
heel __-__ *chitsitsinho*

nom
island __-__ *chitsuwa*

nom
corpse __-__ *chitunha*

nom
Twi __-__ *chiTwi*

nom
waist __-__ *chiuno*

nom
thousand __-__ *chiuru*

adj
May __-__ *Chivabvu*

nom
peck __-__ *chobora*

act
chalk __-__ *choko*

kasahorow

nom
chocolate __-__ *chokoreti*

nom
truly __-__ *chokwadi*

adv
truth __-__ *chokwadi*

nom
oar __-__ *chovha*

nom
cymbal __-__ *cimbili*

nom
cocoa __-__ *cocoha*

nom
collander __-__ *collanda*

nom
Cote d'Ivoire __-__ *Cote dIvoire*

nom
cutlass __-__ *cutlassi*

nom
want __-__ *da*

act
call __-__ *daidza*

act
hardship __-__ *dambudziko*

nom
split __-__ *dambura*

act
internet __-__ *dande*

nom
court __-__ *dare*

nom
frog __-__ *datya*

nom
hide __-__ *dehwe*

nom
please __-__ *demba*

adv

shell __-__ *demhe*

nom
sky __-__ *denga*

nom
roof __-__ *denga*

nom
German __-__ *Deutsche*

mutauro we Jerimani nom
stroll __-__ *devaira*

nom
duck __-__ *dhadha*

nom
mud __-__ *dhaka*

nom
well __-__ *dhamu*

nom
drive __-__ *dhiraivha*

act
draw __-__ *dhirowa*

act
doctor __-__ *dhokotera*

nom
expensive __-__ *dhura*

adj
little __-__ *diki*

nom
Dinka __-__ *Dinka*

 mutauro we Africa nom
pour __-__ *dira*

 act
disposition __-__ *dispozitioni*

 nom
diss __-__ *diss*

 nom
tomato __-__ *domatsi*

 nom
rock __-__ *dombo*

 nom
fall __-__ *donha*

 act
stumble __-__ *donha*

 act
drop __-__ *donhedza*

 act
drop __-__ *donhedza*

 nom
pull __-__ *donza*

 act
beer __-__ *doro*

 nom
belly __-__ *dumbu*

 nom
abdomen __-__ *dumbu*

 nom
dictionary __-__ *duramazwi*

 nom
mortar __-__ *duri*

 nom
sow __-__ *dyara*

 act
learn __-__ *dzidza*

 act
train __-__ *dzidzisa*

 act
teach __-__ *dzidzisa*

 act
foundation __-__ *dzikiso*

 nom
charcoal __-__ *dzimbe*

 nom
lizard __-__ *dzinyu*

 nom
wall __-__ *dziro*

 nom
lake __-__ *dziva*

 nom

return __-__ *dzoka*
act

reduce __-__ *dzora*
act

discipline __-__ *dzora*
act

ay __-__ *e*
pho

ebola __-__ *ebola*
nom

our __-__ *edu*
pos

go __-__ *enda*
act

energy __-__ *eneji*
sci

your __-__ *enyu*
pos

Eritrea __-__ *Eritrea*
nom

each __-__ *ese*
adj

Ethiopia __-__ *Ethiopia*
nom

barrel __-__ *fachi*
nom

file __-__ *faira*
nom

walk __-__ *famba*
act

travel __-__ *famba*
act

like __-__ *farira*
act

storm __-__ *fashamu*
nom

breath __-__ *fema*
nom

smell __-__ *fembedza*
act

film __-__ *firimu*
nom

physics __-__ *fizikisi*
nom

flour __-__ *flour*
nom

tobacco __-__ *fodya*
nom

fork __-__ *foku*

nom
Fula __-__ *Fula*
nom

France __-__ *Furanzi*
nom

blow __-__ *furidza*

act
GaDangme __-__ *GaDangme*

nom
make __-__ *gadzira*

act
create __-__ *gadzira*

act
preparation __-__ *gadziriro*

nom
crab __-__ *gakanje*

mhuka nom
friction __-__ *gakava*

nom
skin __-__ *ganda*

nom
live __-__ *gara*

act
sit __-__ *gara*

act
garage __-__ *garaji*

nom
gallon __-__ *garoni*

nom
crocodile __-__ *garwe*

nom
gutter __-__ *gata*

nom
governor __-__ *gavhuna*

nom
Gbe __-__ *Gbe*

nom
launder __-__ *geza*

act
Ghana __-__ *Ghana*

nyika we Africa nom
Guinea __-__ *Gini*

nom
green __-__ *girini*

adj
grease __-__ *girizi*

nom
headgear __-__ *giya yemusoro*

nom
yam __-__ *gogoya*

nom
cancer __-__ *gomarara*

chirwere nom
mountain __-__ *gomo*

nom
can __-__ *gona*

act

eagle __-__ *gondo*

nom
angle __-__ *gonya*

nom
decagon __-__ *gonyagumi*

nom
rectangle __-__ *gonyaina*

nom
nonagon __-__ *gonyambamwe*

nom
hexagon __-__ *gonyanhatu*

nom
pentagon __-__ *gonyashanu*

nom
triangle __-__ *gonyatatu*

nom
worm __-__ *gonye*

kasahorow 榭

nom
mouse __-__ *gonzo*

kasahorow 榭

nom

vulture __-__ *gora*

nom
cloud __-__ *gore*

kasahorow 榭

nom
year __-__ *gore*

nom
happy new year __-__ *goredzva rakanaka*

exc
divide __-__ *govanisa*

act
division __-__ *govaniso*

nom
share __-__ *govera*

act
difficult __-__ *gozha*

adj
rat __-__ *gozho*

kasahorow 榭

nom
gramme __-__ *gram*

nom

groin __-__ *groini*

nom
guinea-fowl __-__ *guinea-fowl*

nom
cease __-__ *guma*

act
blanket __-__ *gumbeze*

nom
leg __-__ *gumbo*

nom
ten __-__ *gumi*

adj
eleven __-__ *gumi neimwe*

adj
fourteen __-__ *gumi neina*

adj
twelve __-__ *gumi nembiri*

adj
sixteen __-__ *gumi nenhanhatu*

adj
thirteen __-__ *gumi nenhatu*

adj
seventeen __-__ *gumi nenomwe*

adj
nineteen __-__ *gumi nepfumbamwe*

adj
eighteen __-__ *gumi nesere*

adj
fifteen __-__ *gumi neshanu*

adj
toe __-__ *gunwe*

nom
September __-__ *Gunyana*

nom
great __-__ *guru*

adj
city __-__ *guta*

nom
belly button __-__ *guvhu*

nom
lamb __-__ *gwayana*

nom
desert __-__ *gwenga*

nom
bush __-__ *gwenzi*

nom
gap __-__ *gweta*

nom
lawyer __-__ *gweta*

nom
hydrogen __-__ *haidhirojeni*

nom
hydrogen __-__ *haidhirojeni*

sci
relative __-__ *hama*

nom
forgetfulness __-__ *hanganwa*

nom
onion __-__ *hanyanhisi*

nom
nothing __-__ *hapana*

nom
hallelujah __-__ *hareruya*

exc
Hausa __-__ *Hausa*

nom
hawk __-__ *hawk*

nom
wow __-__ *heyi!*

exc
why __-__ *hindava*

adv
eyebrow __-__ *hobi reziso*

nom
office __-__ *hofisi*

nom
mushroom __-__ *hohwa*

nom
beach __-__ *hombekombe*

nom
pocket __-__ *homwe*

nom
war __-__ *hondo*

nom
warhorn __-__ *hondo nyanga*

nom
yes __-__ *hongu*

exc
male __-__ *hono*

nom
hotel __-__ *hotera*

nom
sneeze __-__ *hotsira*

act
fish __-__ *hove*

nom
snail __-__ *hozhwe*

nom
bedroom __-__ *hozi*

nom
honey __-__ *huchi*

nom
youth __-__ *hudiki*

nom
grief __-__ *huhudzo*

nom
chicken __-__ *huku*

nom
forehead __-__ *huma*

nom
selfishness __-__ *humbimbindoga*

nom
wisdom __-__ *hungwaru*

nom
state __-__ *hunhu*

nom
character __-__ *hunu*

nom
economy __-__ *hupfumi*

nom
weakness __-__ *hurema*

nom
mass __-__ *huremu*

sci
weight __-__ *huremu*

nom
throat __-__ *huro*

nom
project __-__ *hurongwa*

nom
witchcraft __-__ *huroyi*

nom
government __-__ *hurumende*

nom
dustpan __-__ *huruva*

nom
phlegm __-__ *hurwa*

nom
courage __-__ *hushingi*

nom
night __-__ *husiku*

chikamu sviba we zuva nom
nightfall __-__ *husiku*

nom
health __-__ *hutano*

nom
evil __-__ *hutsinye*

nom

come __-__ *huya*

act
sheep __-__ *hwai*

mhuka nom
slippers __-__ *hwashu*

nom
waiter __-__ *hweta*

nom
window __-__ *hwindo*

nom
grasshopper __-__ *hwiza*

nom
ee __-__ *i*

pho
self __-__ *i*

nom
steal __-__ *iba*

act
stone __-__ *ibwe*

nom
it __-__ *icho*

pro
love __-__ *ida*

act
small __-__ *idiki*

adj
eat __-__ *idya*

act
die __-__ *ifa*

act
empty __-__ *igasva*

adj
Igbo __-__ *Igibo*

nom
home __-__ *imba*

nom
house __-__ *imba*

nom
sing __-__ *imba*

act
you __-__ *imi*

pro
four __-__ *ina*

adj
louse __-__ *inda*

nom
India __-__ *India*

nyika we asia nom
indigo __-__ *indigo*

adj
consist __-__ *ine*

act
ink __-__ *ingi*

nom
me __-__ *ini*

pro
I __-__ *ini*

pro
hot __-__ *inopisa*

adj
heavy __-__ *inorema*

adj
sweet __-__ *inotapira*

adj
freezing __-__ *inotonhora*

adj
drink __-__ *inwa*

act

hear __-__ *inzwa*

 act
give __-__ *ipa*

 act
lend __-__ *ipowo*

 act
this __-__ *iri*

 det
easy __-__ *irinyore*

 adj
add __-__ *isa*

 act
Islam __-__ *Isilam*

 nom
we __-__ *isu*

 pro
do __-__ *ita*

 act
Italy __-__ *Italiya*

 nom
new __-__ *itsva*

 adj
kidney __-__ *itsvo*

 nom
they __-__ *ivo*

 pro
you __-__ *iwe*

 pro
he __-__ *iye*

 pro

she __-__ *iye*

 pro
now __-__ *izvozvi*

 adv
jar __-__ *ja*

 nom
Jamaica __-__ *Jamaika*

 nom
Japan __-__ *Japani*

 nom
sand __-__ *jecha*

 nom
jail __-__ *jere*

 nom
prison __-__ *jeri*

 nom
Germany __-__ *Jerimani*

 nom
Jesus __-__ *Jesus*

 nom
jeans __-__ *jinhi*

 nom
cloth __-__ *jira*

 nom
journalist __-__ *jonalist*

 nom
cockerel __-__ *jongwana*

 nom
cabbage __-__ *kabichi*

 nom

wine __-__ *kachasu*

nom
necklace __-__ *kadani*

nom
comb __-__ *kama*

nom
tortoise __-__ *kamba*

nom
company __-__ *kamba*

nom
crawl __-__ *kambaira*

act
camera __-__ *kamera*

nom
Cameroon __-__ *Kamerun*

nom
if __-__ *kana*

cjn
if ... then __-__ *kana ... ndicha*

cjn
Canada __-__ *Kanadha*

nom
forget __-__ *kanganwa*

act
cancel __-__ *kanzura*

act
carpet __-__ *kapeti*

nom
calendar __-__ *karenda*

nom
carrot __-__ *karoti*

nom
cat __-__ *katsi*

nom
cake __-__ *keke*

nom
chemistry __-__ *kemistiri*

sayenitsi we sandura nom
Kenya __-__ *Kenya*

nom
address __-__ *kero*

nom
khebab __-__ *kibab*

nom
kitchen __-__ *kicheni*

nom
Gikuyu __-__ *kikuyu*

nom
kilometre __-__ *kilomita*

nom
class __-__ *kirasi*

nom
Christmas __-__ *Kisimusi*

nom
link __-__ *kochekero*

nom
rights __-__ *kodzero*

nom
coffee __-__ *kofi*

nom
battle __-__ *kohore*

nom
surround __-__ *komberedza*

act
computer __-__ *kombiuta*

kasahorow

nom
blessing __-__ *komborera*

nom
cup __-__ *komichi*

kasahorow

nom
compensation __-__ *kompensetioni*

nom
continent __-__ *kondinendi*

nom
Kongo __-__ *Kongo*

mutauro we Kongo nom
Congo __-__ *Kongo*

nom
koran __-__ *koran*

nom
Christ __-__ *Kristu*

nom
to __-__ *ku*

pre
at __-__ *ku*

pre
computing __-__ *ku kombiuta*

nom
unity __-__ *kubatana*

nom
burglary __-__ *kubirwa*

nom
wailing __-__ *kubowa*

nom

improvement __-__ *kubudirira*

nom

prosperity __-__ *kubudirira*

nom

development __-__ *kubudirira*

nom

from __-__ *kubva*

pre

subtraction __-__ *kubvisa*

nom

April __-__ *Kubvumbi*

nom

bleeding __-__ *kuchuchuta*

nom

need __-__ *kuda*

act

will __-__ *kuda*

nom

cross __-__ *kudarika*

act

so __-__ *kudayi*

cjn

demand __-__ *kudiwa*

nom

education __-__ *kudzidza*

nom

likeness __-__ *kufanana*

nom

multiplication __-__ *kukumutsa*

nom

victory __-__ *kukunda*

nom

habitat __-__ *kumba*

nom

request __-__ *kumbira*

act

abroad __-__ *kumhiri*

nom

resurrection __-__ *kumuka*

nom

up __-__ *kumusoro*

adv

somewhere __-__ *kumwe kunhu*

pro

beauty __-__ *kunaka*

nom

paste __-__ *kunamira*

act

win __-__ *kunda*

act

defeat __-__ *kundwa*

nom

bother __-__ *kunetsekana*

nom

silence __-__ *kunyarara*

nom

warning __-__ *kunyevera*

nom

application __-__ *kunyorera*

nom

outdoors __-__ *kunze*

nom
feel __-__ *kunzwa*

act
down __-__ *kupasi*

adv
where __-__ *kupi*

adv
fever __-__ *kupisa muviri*

nom
age __-__ *kura*

act
preface __-__ *kureva*

nom
scarcity __-__ *kurova*

nom
left __-__ *kuruboshwe*

adj
swift __-__ *kurumidza*

nom
fight __-__ *kurwa*

act
back __-__ *kuseri*

nom
working __-__ *kushanda*

nom
brave __-__ *kushinga*

adj
patience __-__ *kushingirira*

nom

determination __-__ *kushingirira*

nom
strength __-__ *kusimba*

nom
infinity __-__ *kusingapere*

nhamba nom
distinguished __-__ *kusiyaniswa*

adj
suffering __-__ *kutambudzika*

nom
headache __-__ *kutemwa ne musoro*

nom
trade __-__ *kutengeserana*

nom
governance __-__ *kutonga*

nom
fear __-__ *kutya*

nom
being __-__ *kuva*

nom
quantity __-__ *kuwanda*

nom
supply __-__ *kuwanikwa*

nom
addition __-__ *kuwedzerwa*

nom
daybreak __-__ *kwaedza*

nom
borrow __-__ *kwereta*

act

everywhere __-__ *kwese*

pro
no __-__ *kwete*

exc
competition __-__ *kwikwidzo*

nom
rivalry __-__ *kwikwidzo*

nom
climb __-__ *kwira*

act
Lingala __-__ *Lingala*

nom
Luganda __-__ *Luganda*

nom
Luwo __-__ *Luwo*

nom
brake __-__ *mabhireki*

nom
knee __-__ *mabvi*

nom
circle __-__ *madenderedzwa*

muumbirwo nom
ash __-__ *madota*

nom
ancestor __-__ *madzitateguru*

nom
fat __-__ *mafuta*

adj
vegetable oil __-__ *mafuta*

nom
oil __-__ *mafuta*

nom
buttocks __-__ *magaro*

nom
electricity __-__ *magetsi*

sci
corn __-__ *magwere*

nom
oh __-__ *maiwe*

exc
history __-__ *makare*

nom
congratulations __-__ *makorokoto*

nom
gossip __-__ *makuhwa*

nom
forty __-__ *makumi mana*

adj
ninety __-__ *makumi manomwe*

adj
seventy __-__ *makumi mapfumbamwe*

adj
eighty __-__ *makumi masere*

adj
fifty __-__ *makumi mashanu*

adj
sixty __-__ *makumi matanhatu*

adj
thirty __-__ *makumi matatu*

adj
twenty __-__ *makumi maviri*

adj
race __-__ *makwikwi*

nom
Malagasy __-__ *Malagasy*

nom
mile __-__ *mamaira*

nom
dawn __-__ *mambakwedza*

nom
king __-__ *mambo*

nom
queen __-__ *mambokadzi*

nom
weather __-__ *mamiriro ekunze*

nom
meter __-__ *mamita*

nom
mango __-__ *mango*

nom
good morning __-__ *mangwanani akanaka*

exc
evening __-__ *manheru*

nom
good evening __-__ *manheru akanaka*

exc
soon __-__ *manje manje*

adv
pedophile __-__ *manyengapwere*

nom
argument __-__ *mapopoto*

nom
police __-__ *mapurisa*

nom
rubbish __-__ *marara*

nom
money __-__ *mari*

nom
cost __-__ *mari yapinda*

nom
funeral __-__ *mariro*

nom
lip __-__ *maromo*

nom
sunrise __-__ *mashambanzou*

nom
afternoon __-__ *masikati*

nom
noon __-__ *masikati*

nom
good afternoon __-__ *masikati akanaka*

exc
mathematics __-__ *masvomhu*

nom
toilet roll __-__ *matishu*

nom

politics __-__ *matongero enyika*

nom
soldier __-__ *mauto*

nom
breast __-__ *mazhamu*

nom
leopard __-__ *mbada*

nom
donkey __-__ *mbongoro*

nom
penis __-__ *mboro*

nom
deer __-__ *mbudzi*

nom
goat __-__ *mbudzi*

nom
sweet potato __-__ *mbambaira*

nom
thief __-__ *mbavha*

nom
lady __-__ *mbenembe*

nom
miss __-__ *mbenembe*

nom
madam __-__ *mbenembe*

nom
revival __-__ *mbereko*

nom
front __-__ *mberi*

nom
glory __-__ *mbiri*

nom
zebra __-__ *mbizi*

nom
November __-__ *Mbudzi*

nom
grandma __-__ *mbuya*

amai we amai kana baba nom
earthquake __-__ *mbwenda*

nom
map __-__ *mepu*

nom
devil __-__ *mhandu*

nom
enmity __-__ *mhandu*

nom
run __-__ *mhanya*

act
report __-__ *mhan'ara*

nom
revelation __-__ *mhan'ara*

nom
land __-__ *mhara*

act
warrior __-__ *mhare*

nom
warriors __-__ *mhare*

nom
wind __-__ *mhepo*

nom
air __-__ *mhepo*

nom
oath __-__ *mhiko*

nom
answer __-__ *mhinduro*

nom
nose __-__ *mhino*

nom
seed __-__ *mhodzi*

nom
murderer __-__ *mhondi*

nom
greet __-__ *mhoresa*

act
cow __-__ *mhou*

mhuka nom
animal __-__ *mhuka*

nom
nucleus __-__ *mhumba*

sci
millet __-__ *mhunga*

nom
body __-__ *mhunu*

nom
family __-__ *mhuri*

hama nom
fruit __-__ *michero*

nom
corners __-__ *mikwava*

nom
hiccups __-__ *minhikwi*

nom
manager __-__ *minija*

nom
minute __-__ *miniti*

nom
stand __-__ *mira*

act
stop __-__ *mira*

nom
wait __-__ *mirira*

act
consequence __-__ *misevedzero*

nom
metre __-__ *mita*

nom
puzzle __-__ *mitambo*

nom
vehicle __-__ *mota*

nom
fire __-__ *moto*

nom
car __-__ *motokari*

nom
firewood __-__ *motorukuni*

nom
heart __-__ *moyo*

nom
malaria __-__ *msarara*

nom
in __-__ *mu*

pre
African __-__ *mu Afrika*

nom
inactive __-__ *mu bishi*

adj
assistant __-__ *mubatsiri*

nom
bed __-__ *mubhedha*

nom
chef __-__ *mubiki*

nom
question __-__ *mubvunzo*

nom
driver __-__ *muchairi*

nom
wedding __-__ *muchato*

nom
fabric __-__ *mucheka*

nom
ledge __-__ *mucheto*

nom
young __-__ *mudiki*

adj
darling __-__ *mudiwa*

nom
student __-__ *mudzidzi*

nom

professor __-__ *mudzidzisi*

nom
guest __-__ *muenzi*

nom
image __-__ *mufananidzo*

nom
photograph __-__ *mufananidzo*

nom
cassava __-__ *mufarinya*

chikafu nom
bucket __-__ *mugomo*

nom
share __-__ *mugove*

nom
Saturday __-__ *Mugovera*

nom
street __-__ *mugwagwa*

nom
pestle __-__ *muhwi*

nom
musician __-__ *muimbi*

nom
habit __-__ *muitiro*

nom
gong gong __-__ *mujejeje mujejeje*

nom
milk __-__ *mukaka*

nom
inside __-__ *mukati*

adv
Christian __-__ *muKirisitu*

nom
boy __-__ *mukomana*

nom
award __-__ *mukombe*

nom
nurse __-__ *mukoti*

nom
door __-__ *mukova*

nom
bride __-__ *mukwaniki*

nom
toothpaste __-__ *mukweshamazino*

nom
prayer __-__ *munamato*

nom
flute __-__ *munanzi*

nom
feather __-__ *munhenga*

nom
person __-__ *munhu*

nom
female __-__ *munhukadzi*

nom
ivory __-__ *munyanga*

nom
comfort __-__ *munyaradzi*

nom
liar __-__ *munyepi*

nom
author __-__ *munyori*

nom
salt __-__ *munyu*

nom
spectator __-__ *muoni*

nom
prophet __-__ *muprofita*

nom
jollof __-__ *mupunga*

nom
rice __-__ *mupunga*

nom
pastor __-__ *mupuristi*

nom
coach __-__ *murairidzi*

nom
fisherman __-__ *muredzi*

nom
flag __-__ *mureza*

nom
owner __-__ *muridzi*

nom
farmer __-__ *murimi*

nom

tax __-__ *muripo*

nom
mouth __-__ *muromo*

nom
witch __-__ *muroyi*

nom
patient __-__ *murwere*

nom
mist __-__ *musakasaka*

nom
meeting __-__ *musangano*

nom
servant __-__ *musevenzi*

nom
village __-__ *musha*

nom
user __-__ *mushandisi*

nom
machine __-__ *mushina*

nom
drug __-__ *mushonga*

nom
date __-__ *musi*

nom
market __-__ *musika*

nom
maid __-__ *musikana we basa*

nom
creator __-__ *musikavanhu*

nom
mosque __-__ *musikiti*

imba ychirairo we munamato nom

noise __-__ *musindo*

nom
muslim __-__ *muslim*

nom
tear __-__ *musodzi*

nom
head __-__ *musoro*

nom
heading __-__ *musoro*

nom
title __-__ *musoro*

nom
lime __-__ *musvi*

nom
coin __-__ *musvo*

nom
cash __-__ *musvo wemari*

nom
tail __-__ *muswe*

nom
porter __-__ *mutakuri*

nom
game __-__ *mutambo*

nom
spokesperson __-__ *mutauriri*

nom
law __-__ *mutemo*

nom
trader __-__ *mutengi*

nom
price __-__ *mutengo*

nom
fees __-__ *mutero*

nom
levy __-__ *mutero*

nom
soup __-__ *muto*

nom

judge __-__ *mutongi*

nom
judgement __-__ *mutongo*

nom
burden __-__ *mutoro*

nom
foreigner __-__ *mutorwa*

nom
line __-__ *mutsetse*

nom
broomstick __-__ *mutsvairo*

nom
leader __-__ *mutungamiri*

nom
president __-__ *mutungamiri*

nom
broom __-__ *mutvairo*

nom
shape __-__ *muumbirwo*

nom
carpenter __-__ *muvezi*

nom
lid __-__ *muvharo*

nom
Monday __-__ *Muvhuro*

nom
bridegroom __-__ *muwani*

nom
example __-__ *muyenzaniso*

nom
swing __-__ *muzerere*

nom
proprietor __-__ *muzvina bhizimisi*

nom
rain __-__ *mvura*

mvura kubva gore nom
water __-__ *mvura*

nom
hippopotamus __-__ *mvuu*

nom
dry season __-__ *mwaka yakaoma*

nom
baby __-__ *mwana*

nom
child __-__ *mwana*

nom
niece __-__ *mwana wabhudhi*

mwanasikana we vanin'ina/ vakoma
nom
toddler __-__ *mwanana*

nom
month __-__ *mwedzi*

nom
moon __-__ *mwedzi*

nom
rival __-__ *mwera*

nom
wizard __-__ *n'anga*

nom
stick __-__ *nama*

nom
pray __-__ *namata*

act
Namibia __-__ *Namibhiya*

nom
Namibian __-__ *Namibia*

nom
human __-__ *ndambarukuse*

nom
humankind __-__ *ndambarukuse ndudzi*

nom
gold __-__ *ndarama*

nom
gold __-__ *ndarama*

sci
thank you __-__ *ndatenda*

exc
aeroplane __-__ *ndege*

nom
lemon __-__ *ndimu*

michero nom
sorry __-__ *ndine hurombo*

exc
January __-__ *Ndira*

nom
dish __-__ *ndiro*

nom
bowl __-__ *ndiro*

nom
then __-__ *ndobva*

adv
and __-__ *ne*

cjn
because __-__ *nekuti*

cjn
bother __-__ *netsa*

act
camel __-__ *ngamera*

mhuka nom
fable __-__ *ngano*

nom
ship __-__ *ngarava*

nom
drum __-__ *ngoma*

nom
talking drum __-__ *ngoma dzinoreketa*

nom
hat __-__ *ngowani*

nom
attire __-__ *nguo*

nom
duration __-__ *nguva*

nom
time __-__ *nguva*

nom
soccer __-__ *nhabvu*

nom
number __-__ *nhamba*

nom
poor __-__ *nhamo*

adj
airport __-__ *nhandare yendege*

nom

music __-__ *nhapitapi*

nom
today __-__ *nhasi*

adv
news __-__ *nhau*

nom
issue __-__ *nhaurwa*

nom
black __-__ *nhema*

adj
falsification __-__ *nhema*

nom
somebody __-__ *nhingi*

pro
fly __-__ *nhunzi*

nom
housefly __-__ *nhunzi*

nom
Nigeria __-__ *Nigeria*

nom
dove __-__ *njiva*

nom
seven __-__ *nomwe*

adj
late __-__ *nonoka*

adv
melon __-__ *nwiwa*

nom
shame __-__ *nyadzi*

nom
meat __-__ *nyama*

nom
stew __-__ *nyama ne miriwo*

nom
August __-__ *Nyamavhuvhu*

nom
story __-__ *nyambo*

nom
joke __-__ *nyambo*

nom
gracious __-__ *Nyasha*

adj
planet __-__ *nyenyedzi*

nom
lie __-__ *nyepa*

nom
star __-__ *nyeredzi*

nom
country __-__ *nyika*

nom

snake __-__ *nyoka*

mhuka nom
wet __-__ *nyoro*

adj
fresh __-__ *nyoro*

adj
thirst __-__ *nyota*

nom
write __-__ *nyra*

act
bee __-__ *nyuchi*

chipembenene nom
drown __-__ *nyura*

act
hunger __-__ *nzara*

nom
ear __-__ *nzeve*

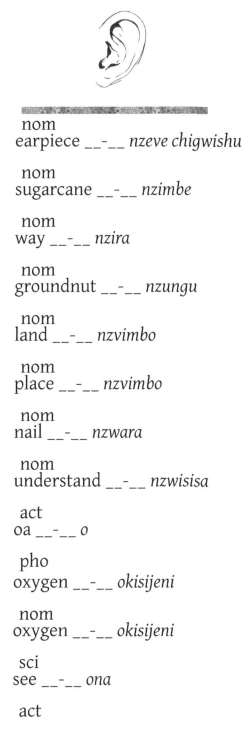

nom
earpiece __-__ *nzeve chigwishu*

nom
sugarcane __-__ *nzimbe*

nom
way __-__ *nzira*

nom
groundnut __-__ *nzungu*

nom
land __-__ *nzvimbo*

nom
place __-__ *nzvimbo*

nom
nail __-__ *nzwara*

nom
understand __-__ *nzwisisa*

act
oa __-__ *o*

pho
oxygen __-__ *okisijeni*

nom
oxygen __-__ *okisijeni*

sci
see __-__ *ona*

act

something __-__ *onini*

pro
something __-__ *onini*

nom
Australia __-__ *Ositireriya*

nyika we asia nom
centre __-__ *pakati*

nom
excuse me __-__ *pamusoroi*

exc
together __-__ *pamwechete*

adv
pan __-__ *pani*

nom
here __-__ *pano*

adv
here __-__ *pano*

nom
wing __-__ *papiro*

nom
parliament __-__ *paramende*

nom
spread __-__ *pararira*

act
parrot __-__ *paroti*

nom
earth __-__ *pasirose*

nom
world __-__ *pasirose*

nom
later __-__ *pavapaya*

adv
when __-__ *pawanga*

cjn
pie __-__ *payi*

nom
peacock __-__ *peacock*

nom
finish __-__ *pedza*

act
pen __-__ *peni*

nom
pencil __-__ *penzura*

nom
end __-__ *pera*

nom
fold __-__ *peta*

act
dress __-__ *pfeka*

nom
wear __-__ *pfeka*

act
rich __-__ *pfuma*

adj
nine __-__ *pfumbamwe*

adj
mind __-__ *pfungwa*

nom
thought __-__ *pfungwa*

nom
short __-__ *pfupi*

adj
dry __-__ *pfuwira*

act
enter __-__ *pinda*

act
two __-__ *piri*

adj
whistle __-__ *pito*

nom
pizza __-__ *pitsa*

nom
tap __-__ *pombi*

nom
pipe __-__ *pombi*

nom
papaya __-__ *popo*

nom
cool __-__ *pora*

act
porridge __-__ *porridge*

nom
one __-__ *poshi*

pro
post office __-__ *posita hofisi*

nom
pot __-__ *poto*

nom
one __-__ *potsi*

adj
public __-__ *povho*

nom
press __-__ *press*

act
wipe __-__ *pukuta*

act
plastic __-__ *purasitiki*

adj
farm __-__ *purazi*

nom
destroy __-__ *putsa*

act
break __-__ *pwanya*

act
library __-__ *raibhurari*

nom
neighbourhood __-__ *raini*

nom
taste __-__ *raira*

act
future __-__ *ramangwana*

nom
orange __-__ *ranjisi*

nom
sleep __-__ *rara*

act
orange __-__ *raranji*

adj
throw __-__ *rasa*

act
trick __-__ *rasisa*

nom
proclamation __-__ *rayira*

nom
let __-__ *regedza*

act
talk __-__ *reketa*

act
respect __-__ *remekedza*

nom
rent __-__ *rendi*

nom
restaurant __-__ *resitorendi*

nom
lorry __-__ *rhorhi*

nom
be __-__ *ri*

act

Libya __-__ *Ribhiya*

nom
darkness __-__ *rima*

nom
scorpion __-__ *rize*

nom
plantain __-__ *rizi*

nom
rocket __-__ *roketi*

nom
clay __-__ *rondo*

nom
plan __-__ *ronga*

act
marry __-__ *roora*

act
blood __-__ *ropa*

nom
dream __-__ *rota*

act
beat __-__ *rova*

act
refuge __-__ *rudekaro*

nom
love __-__ *rudo*

nom

encourage __-__ *rudzira*

act

happiness __-__ *rufaro*

nom

death __-__ *rufu*

nom

covetuousness __-__ *rukaro*

nom

mat __-__ *rukukwe*

nom

bite __-__ *ruma*

act

exultation __-__ *rumbidza*

nom

room __-__ *rumu*

nom

hall __-__ *rumu ye kugarira*

nom

lodge __-__ *rumu yekuroja*

nom

phone __-__ *runhare*

nom

peace __-__ *runyararo*

nom

hand __-__ *ruoko*

nom

justice __-__ *ruramo*

nom

tongue __-__ *rurimi*

nom

fence __-__ *rusosa*

nom

independence __-__ *rusungunuko*

nom

freedom __-__ *rusununguko*

nom

blog __-__ *rutarwa*

nom
vomit __-__ *rutsa*

nom
effort __-__ *rutsanziro*

nom
flower __-__ *ruva*

nom
color __-__ *ruvara*

nom
association __-__ *ruwadzano*

nom
sound __-__ *ruzha*

nom
knowledge __-__ *ruzivo*

nom
pain __-__ *rwadza*

nom
river __-__ *rwizi*

nom
stream __-__ *rwizi*

nom
sack __-__ *saga*

nom
push __-__ *saidzira*

act
wave __-__ *saisai*

nom
hammer __-__ *sando*

nom
change __-__ *sandura*

nom
meet __-__ *sangana*

act
forest __-__ *sango*

nom
select __-__ *sarudza*

act
option __-__ *sarudzo*

nom
science __-__ *sayenitsi*

nom
Scotland __-__ *Scotland*

nom
as __-__ *se*

adv
laugh __-__ *seka*

act
smile __-__ *sekerera*

act
second __-__ *sekondi*

nom
uncle __-__ *sekuru*

hanzvadzikomana we amai kana baba
nom
grandfather __-__ *sekuru*

baba we amai kana baba nom
goosebumps __-__ *sekwe mapundu*

nom
Senegal __-__ *Senegaro*

nom
eight __-__ *sere*

nhamba 8 adj
cell __-__ *sero*

nom
certificate __-__ *setifiketi*

nom
how __-__ *seyi*

adv
announce __-__ *shambadza*

act
surprise __-__ *shamiso*

nom
friend __-__ *shamwari*

nom
work __-__ *shanda*

act
use __-__ *shandisa*

act
shoe __-__ *shangu*

nom
five __-__ *shanu*

adj

visit __-__ *shanya*

act

ugly __-__ *shata*

adj

shirt __-__ *shati*

nom

spirit __-__ *shavi*

nom

lose __-__ *shaya*

act

shout __-__ *shedzera*

act

chief __-__ *shefi*

nom

bird __-__ *shiri*

nom

widow __-__ *shirikadzi*

nom

leaf __-__ *shizha*

nom
message __-__ *shoko*

nom
Shona __-__ *Shona*

nom
shop __-__ *shopu*

nom
lion __-__ *shumba*

nom
worry __-__ *shushika*

nom
headscarf __-__ *sikafi*

nom
skirt __-__ *siketi*

nom

t-shirt __-__ *sikipa*

nom
authority __-__ *simba*

nom
metal __-__ *simbi*

nom
cement __-__ *simendi*

nom
raise __-__ *simudza*

act
arise __-__ *simuka*

act
soap __-__ *sipo*

nom
silver __-__ *sirivha*

nom
silver __-__ *sirivha*

sci
stove __-__ *sitovhu*

nom

leave __-__ *siya*

act
sock __-__ *sokisi*

nom
Somali __-__ *Somari*

nom
staff __-__ *staff*

nom
announcement __-__ *sumo*

nom
fart __-__ *sura*

nom
miss __-__ *suwa*

act
sad __-__ *suwa*

adj
dark __-__ *sviba*

adj
arrive __-__ *svika*

act
mate __-__ *sviro*

act
Sunday __-__ *Svondo*

nom
ant __-__ *svosve*

nom
key __-__ *svumbunuro*

nom
lock __-__ *svumbunuro*

nom
Swahili __-__ *Swahili*

nom
table __-__ *tafura*

nom
tiger __-__ *taiga*

nom
carry __-__ *takura*

act
dance __-__ *tamba*

act
play __-__ *tamba*

nom
play __-__ *tamba*

act
accept __-__ *tambira*

act
string __-__ *tambo*

nom
start __-__ *tanga*

act
begin __-__ *tanga*

act
six __-__ *tanhatu*

adj
hope __-__ *tariro*

nom
look __-__ *tarisa*

act
three __-__ *tatu*

adj
town __-__ *taundi*

nom
tell __-__ *taura*

act
speak __-__ *taura*

act
towel __-__ *tauro*

nom
follow __-__ *teera*

act
click __-__ *tekenya*

act
taxi __-__ *tekisi*

nom
temple __-__ *temberi*

imba we munamato nom
believe __-__ *tenda*

act
thank __-__ *tenda*

act
buy __-__ *tenga*

act
sell __-__ *tengesa*

act
master __-__ *tenzi*

nom
listen __-__ *terera*

act
television __-__ *terevhizheni*

nom
testament __-__ *testamente*

nom
syringe __-__ *tesvo*

nom
thin __-__ *tete*

adj

aunt __-__ *tete*

hanzvadzisikana we amai kana baba
nom
inlaw __-__ *tezvara na ambuuya*

nom
say __-__ *ti*

act
tea __-__ *tii*

nom
ticket __-__ *tikiti*

nom
thanks __-__ *tinotenda*

exc
welcome __-__ *titambire!*

exc
Togo __-__ *Togo*

nom
turkey __-__ *toki*

shiri we America nom
govern __-__ *tonga*

act
cold __-__ *tonohora*

adj
get __-__ *tora*

act
take __-__ *tora*

act
withdraw __-__ *tora*

act
letter __-__ *tsamba*

nom
explain __-__ *tsanangura*

act
ginger __-__ *tsangamidzi*

nom
vein __-__ *tsinga*

nom
artery __-__ *tsinga*

nom
leniency __-__ *tsitsi*

nom
replace __-__ *tsiva*

act
foot __-__ *tsoka*

nom
monkey __-__ *tsoko*

nom
needle __-__ *tsono*

nom
proverb __-__ *tsumo*

nom
rabbit __-__ *tsuro*

nom
find __-__ *tsvaga*

act
search __-__ *tsvaga*

act
favouritism __-__ *tsvete*

nom
sugar __-__ *tsvigiri*

nom
widower __-__ *tsvimborume*

nom
junk __-__ *tsvina*

nom
kiss __-__ *tsvoda*

act
red __-__ *tsvuku*

adj
basket __-__ *tswanda*

nom
send __-__ *tuma*

act
command __-__ *tuma*

act
deliver __-__ *tumira*

act
lead __-__ *tungamira*

act
giraffe __-__ *twiza*

nom
u __-__ *u*

pho
protection __-__ *ubvumbamiro*

nom
deception __-__ *uchengedzo*

nom
oppression __-__ *udzvinyiriri*

nom
width __-__ *ufaro*

nom
Uganda __-__ *Uganda*

nom
there __-__ *uko*

adv
activity __-__ *umsebenzi*

nom

bitter __-__ *unovava*

 adj

skill __-__ *unyanzvi*

 nom

folly __-__ *upenzi*

 nom

luxury __-__ *upfumi*

 nom

which __-__ *upi*

 det

kill __-__ *uraya*

 act

murder __-__ *uraya*

 nom

height __-__ *urebu*

 nom

length __-__ *urefu*

 nom

how do you are __-__ *uri sei*

 exc

floor __-__ *uriri*

 nom

jump __-__ *uruka*

 act

Ururimi __-__ *Ururimi*

 nom

America __-__ *USA*

 nom

before __-__ *usati*

 pre

realm __-__ *ushe*

 nom

mosquito __-__ *utunga*

 nom

bring __-__ *uyisa*

 act

summit __-__ *uzuru*

 nom

missus __-__ *va*

 nom

parents __-__ *vabereki*

 nom

build __-__ *vaka*

 act

nephew __-__ *vanabhudhi murumb-wana*

mwankomana we vanin'ina/ vakoma
 nom

sibling __-__ *vanin'ina/ vakoma*

mwana we amai angu kana baba angu
 nom

injure __-__ *vara*

 act

vase __-__ *vasi*

 nom

listener __-__ *vatereri*

 nom

courier __-__ *vatumi veshoko*

 nom

hate __-__ *venga*

 act

count __-__ *verenga*

act
read __-__ *verenga*

act
everyone __-__ *vese*

pro
violet __-__ *vhaireti*

adj
close __-__ *vhara*

act
version __-__ *vhezheni*

nom
video __-__ *vhidhiyo*

nom
week __-__ *vhiki*

nom
wheel __-__ *vhiri*

nom
volume __-__ *vhorumu*

nom
vote __-__ *vhota*

act
hair __-__ *vhudzi*

kasahorow 華

nom
open __-__ *vhura*

act

faith __-__ *vimbo*

nom
well done __-__ *wagona*

exc
marriage __-__ *wanano*

nom
of __-__ *we*

pre
web __-__ *webhu*

nom
website __-__ *webhusaiti*

nom
increase __-__ *wedzera*

act
Wolof __-__ *Wolof*

nom
watch __-__ *wona*

act
rot __-__ *wora*

act
wolf __-__ *wurufu*

nom
old __-__ *yachembera*

adj
big __-__ *yakakura*

adj
beautiful __-__ *yakanaka*

adj
dry __-__ *yakaoma*

adj

hard __-__ *yakaoma*

  adj

bad __-__ *yakashata*

  adj

strong __-__ *yakasimba*

  adj

full __-__ *yakazara*

  adj

advice __-__ *yambira*

  nom

assessment __-__ *yedza*

  nom

measure __-__ *yera*

  act

yellow __-__ *yero*

  adj

remember __-__ *yeuka*

  act

yard __-__ *yhadi*

  nom

Yoruba __-__ *Yoruba*

  nom

university __-__ *yunivhesiti*

  nom

egg __-__ *zai*

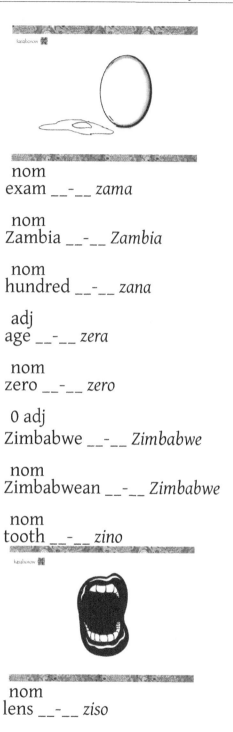

  nom
exam __-__ *zama*

  nom
Zambia __-__ *Zambia*

  nom
hundred __-__ *zana*

  adj
age __-__ *zera*

  nom
zero __-__ *zero*

  0 adj
Zimbabwe __-__ *Zimbabwe*

  nom
Zimbabwean __-__ *Zimbabwe*

  nom
tooth __-__ *zino*

  nom
lens __-__ *ziso*

  nom
name __-__ *zita*

nom
know __-__ *ziva*

act
quake __-__ *zunza*

act
sun __-__ *zuva*

kasahorow

nyeredzi we pasirose nom
day __-__ *zuva*

nom
well __-__ *zvakanaka*

adv
good __-__ *zvakanaka*

nom
different __-__ *zvakasiyana*

adj
for __-__ *zve*

pre
everything __-__ *zvese*

pro
happen __-__ *zviitike*

act
moment __-__ *zvino*

nom
clothes __-__ *zvipfeko*

kasahorow

nom
joint __-__ *zvipfundo*

nom
riddle __-__ *zvirahwe*

nom
sentence __-__ *zvirevo*

nom
slowly __-__ *zvishoma*

adv
doubt __-__ *zvisiyamwa*

nom
December __-__ *Zvita*

nom
rule __-__ *zvitongi*

nom
word __-__ *zwi*

nom

English-Shona

'a b c d e f g h i j k l m n o p q r s t u v w x y z

__-__ a

det

a __-__ a

pho

dumbu __-__ abdomen

nom

kumhiri __-__ abroad

nom

tambira __-__ accept

act

Accra __-__ Accra

nom

asidhi __-__ acid

nom.-es plural

acidic __-__ acidic

pH < 7 adj

chiito __-__ act

act

chiito __-__ action

nom

umsebenzi __-__ activity

nom

chinja __-__ adapt

act

isa __-__ add

act

kuwedzerwa __-__ addition

nom

kero __-__ address

nom

ademe __-__ ademe

a leaf nom.s-plural

chirevo __-__ adjective

nom

adverb __-__ adverb

nom

yambira __-__ advice

nom

ndege __-__ aeroplane

nom

afar __-__ Afar

a language of Africa nom

Africa __-__ Africa

nom

mu Afrika __-__ African

nom

African __-__ African

adj

ChiAfrikaans __-__ Afrikaans

a language of Africa nom.-es plural

masikati __-__ afternoon

nom

kura __-__ age

act

zera __-__ *age*

nom
bvuma __-__ *agree*

act
aa __-__ *ah*

exc
chinangwa __-__ *aim*

nom
mhepo __-__ *air*

nom
nhandare yendege __-__ *airport*

nom
Akan __-__ *Akan*

nom
algebra __-__ *algebra*

nom.-es plural
bvumidza __-__ *allow*

act
ndiri __-__ *am*

tdy
Ama __-__ *Ama*

nom
ameni __-__ *amen*

exc
USA __-__ *America*

nom
America __-__ *America*

nom
american __-__ *American*

nom

Amarinya __-__ *Amharic*

nom.-es plural
madzitateguru __-__ *ancestor*

nom
ne __-__ *and*

cjn
gonya __-__ *angle*

nom
mhuka __-__ *animal*

nom
shambadza __-__ *announce*

act
sumo __-__ *announcement*

nom
caphukisa __-__ *annoy*

act
mhinduro __-__ *answer*

nom
svosve __-__ *ant*

kasahorow 畫

nom
antiquity __-__ *antiquity*

nom
chero __-__ *any*

adj
apuro __-__ *apple*

nom
kunyorera __-__ *application*

nom
Kubvumbi __-__ *April*

nom
uri __-__ *are*

tdy
mapopoto __-__ *argument*

nom
simuka __-__ *arise*

act
svika __-__ *arrive*

act
tsinga __-__ *artery*

nom
se __-__ *as*

adv
madota __-__ *ash*

nom
asia __-__ *Asia*

nom
bvunza __-__ *ask*

act
bvunza-kunze __-__ *ask ... out*

act
yedza __-__ *assessment*

nom
mubatsiri __-__ *assistant*

nom
ruwadzano __-__ *association*

nom
ku __-__ *at*

pre
batanidza __-__ *attach*

act
nguo __-__ *attire*

nom
Nyamavhuvhu __-__ *August*

nom
tete __-__ *aunt*

sister of mother or dad nom
Ositireriya __-__ *Australia*

country of Asia nom
munyori __-__ *author*

nom
simba __-__ *authority*

nom
mukombe __-__ *award*

nom
e __-__ *ay*

pho
azonto __-__ *azonto*

nom
b __-__ *b*

pho
mwana __-__ *baby*

nom.y->ies plural
kuseri __-__ *back*

nom
yakashata __-__ *bad*

adj
bhegi __-__ *bag*

nom
bheka __-__ *bake*

act
bhora __-__ *ball*

nom
chibharuma __-__ *balloon*

nom
bambara __-__ *Bambara*

nom
banana __-__ *banana*

nom
bhanga __-__ *bank*

nom
fachi __-__ *barrel*

nom
basil __-__ *basil*

a plant nom
bheseni __-__ *basin*

nom
tswanda __-__ *basket*

nom
basketball __-__ *basketball*

nom
bath __-__ *bath*

nom
bhathirumu __-__ *bathroom*

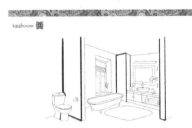

nom
bhatiri __-__ *battery*

nom
kohore __-__ *battle*

nom
Baule __-__ *Baule*

nom
ri __-__ *be*

act
hombekombe __-__ *beach*

nom
bhinzi __-__ *bean*

nom
rova __-__ *beat*

act
yakanaka __-__ *beautiful*

adj
kunaka __-__ *beauty*

nom
nekuti __-__ *because*

cjn
mubhedha __-__ *bed*

nom
hozi __-__ *bedroom*

nom
bedstead __-__ *bedstead*

nom
nyuchi __-__ *bee*

an insect nom
doro __-__ *beer*

nom
beetle __-__ *beetle*

an insect nom.-es plural
usati __-__ *before*

pre
tanga __-__ *begin*

act
kuva __-__ *being*

nom
tenda __-__ *believe*

act
dumbu __-__ *belly*

nom
guvhu __-__ *belly button*

nom
bhandi __-__ *belt*

nom
Benin __-__ *Benin*

nom
bible __-__ *bible*

nom
bhasikoro __-__ *bicycle*

nom
yakakura __-__ *big*

adj
bill __-__ *bill*

nom
bhiriyoni __-__ *billion*

1 000 000 000 adj
bhayoroji __-__ *biology*

nom
shiri __-__ *bird*

nom
bereka __-__ *birth*

act
bishopu __-__ *bishop*

nom
ruma __-__ *bite*

act
unovava __-__ *bitter*

adj
nhema __-__ *black*

adj
gumbeze __-__ *blanket*

nom
kuchuchuta __-__ *bleeding*

nom
komborera __-__ *blessing*

nom
rutarwa __-__ *blog*

nom
ropa __-__ *blood*

nom
furidza __-__ *blow*

act
chibakera __-__ *blow*

nom
bhuruu __-__ *blue*

adj
chikepe __-__ *boat*

nom
bodi __-__ *bodice*

nom
mhunu __-__ *body*

nom
bvupa __-__ *bone*

nom
bhuku __-__ *book*

nom
kwereta __-__ *borrow*

act
changamire __-__ *boss*

nom
netsa __-__ *bother*

act
kunetsekana __-__ *bother*

nom
bhodyera __-__ *bottle*

nom
ndiro __-__ *bowl*

nom
bhokisi __-__ *box*

nom
mukomana __-__ *boy*

nom
mabhireki __-__ *brake*

nom
bazi __-__ *branch*

nom
kushinga __-__ *brave*

adj
chingwa __-__ *bread*

nom
pwanya __-__ *break*

act
chisvusvuro __-__ *breakfast*

nom
mazhamu __-__ *breast*

nom
fema __-__ *breath*

nom
chiokomuhomwe __-__ *bribe*

nom
mukwaniki __-__ *bride*

nom
muwani __-__ *bridegroom*

nom
bhiriji __-__ *bridge*

nom
uyisa __-__ *bring*

act
mutvairo __-__ *broom*

nom
mutsvairo __-__ *broomstick*

nom
bhurauni __-__ *brown*

adj
mugomo __-__ *bucket*

nom
bhajeti __-__ *budget*

nom
buffalo __-__ *buffalo*

nom
vaka __-__ *build*

act
mutoro __-__ *burden*

nom
kubirwa __-__ *burglary*

nom
Bhakina Faso __-__ *Burkina Faso*

nom
bhazi __-__ *bus*

nom
gwenzi __-__ *bush*

nom
bhizimisi __-__ *business*

nom
asi __-__ *but*

cjn
chipembenene __-__ *butterfly*

nom
magaro __-__ *buttocks*

nom
bhatani __-__ *button*

nom
tenga __-__ *buy*

act
kabichi __-__ *cabbage*

nom
keke __-__ *cake*

nom
karenda __-__ *calendar*

nom
california __-__ *California*

nom
daidza __-__ *call*

act
akahuya __-__ *came*

ydy
ngamera __-__ *camel*

animal nom
kamera __-__ *camera*

nom
Kamerun __-__ *Cameroon*

nom
gona __-__ *can*

act
Kanadha __-__ *Canada*

nom
kanzura __-__ *cancel*

act
gomarara __-__ *cancer*

disease nom
bwato __-__ *canoe*

nom
motokari __-__ *car*

nom
muvezi __-__ *carpenter*

nom
kapeti __-__ *carpet*

nom
karoti __-__ *carrot*

nom
takura __-__ *carry*

act
musvo wemari __-__ *cash*

nom
mufarinya __-__ *cassava*

food nom
bwirura __-__ *cast*

nom
katsi __-__ *cat*

nom
bata __-__ *catch*

act
muKirisitu itsva __-__ *catechumen*

chikamu __-__ *category*

nom
guma __-__ *cease*

act
sero __-__ *cell*

nom
simendi __-__ *cement*

nom
pakati __-__ *centre*

nom
century __-__ *century*

nom
setifiketi __-__ *certificate*

nom
cheni __-__ *chain*

nom
chigaro __-__ *chair*

nom
choko __-__ *chalk*

nom
sandura __-__ *change*

nom
hunu __-__ *character*

nom
dzimbe __-__ *charcoal*

nom
chaja __-__ *charge*

sci
chakachipa __-__ *cheap*

adj
mubiki __-__ *chef*

nom
kemistiri __-__ *chemistry*

the science of change nom
cheki __-__ *cheque*

nom
chipfuva __-__ *chest*

nom
Chewa __-__ *Chewa*

nom
huku __-__ *chicken*

nom
chikeni pokisi __-__ *chickenpox*

nom
shefi __-__ *chief*

nom
mwana __-__ *child*

nom
mwana __-__ *children*

plural
chirebvu __-__ *chin*

nom
chokoreti __-__ *chocolate*

nom
Kristu __-__ *Christ*

nom
muKirisitu __-__ *Christian*

nom
Kisimusi __-__ *Christmas*

nom
chirantro __-__ *cilantro*

nom
madenderedzwa __-__ *circle*

shape nom

guta __-__ *city*

nom
kirasi __-__ *class*

nom
rondo __-__ *clay*

nom
akachenjera __-__ *clever*

adj
tekenya __-__ *click*

act
kwira __-__ *climb*

act
chipatara __-__ *clinic*

nom
chiringaziva __-__ *clock*

nom
vhara __-__ *close*

act
jira __-__ *cloth*

nom

zvipfeko __-__ *clothes*

nom
gore __-__ *cloud*

nom
murairidzi __-__ *coach*

nom
bhachi __-__ *coat*

nom
jongwana __-__ *cockerel*

nom
bete __-__ *cockroach*

nom
cocoha __-__ *cocoa*

nom
kofi __-__ *coffee*

nom
musvo __-__ *coin*

nom
tonohora __-__ *cold*

adj
collanda __-__ *collander*

nom
ruvara __-__ *color*

nom
kama __-__ *comb*

nom
huya __-__ *come*

act
huy __-__ *come*

cmd
munyaradzi __-__ *comfort*

nom
tuma __-__ *command*

act
kamba __-__ *company*

nom
kompensetioni __-__ *compensation*

nom
kwikwidzo __-__ *competition*

nom
kombiuta __-__ *computer*

nom
ku kombiuta __-__ *computing*

nom
Kongo __-__ *Congo*

nom
makorokoto __-__ *congratulations*

nom
misevedzero __-__ *consequence*

nom
ine __-__ *consist*

act
kondinendi __-__ *continent*

nom
bika __-__ *cook*

act
pora __-__ *cool*

act
magwere __-__ *corn*

nom
mikwava __-__ *corners*

nom

chitunha __-__ *corpse*

nom
mari yapinda __-__ *cost*

nom
Cote dIvoire __-__ *Cote d'Ivoire*

nom
imba yidiki __-__ *cottage*

akagona __-__ *could*

ydy
verenga __-__ *count*

act
nyika __-__ *country*

nom
hushingi __-__ *courage*

nom
vatumi veshoko __-__ *courier*

nom
dare __-__ *court*

nom
chibvumirano __-__ *covenant*

nom
chifukidzo __-__ *cover*

nom
rukaro __-__ *covetuousness*

nom
mhou __-__ *cow*

animal nom
gakanje __-__ *crab*

animal nom
kambaira __-__ *crawl*

act
gadzira __-__ *create*

act
chisikwa __-__ *creation*

nom
musikavanhu __-__ *creator*

nom
garwe __-__ *crocodile*

nom
kudarika __-__ *cross*

act
chaunga __-__ *crowd*

nom
chema __-__ *cry*

act
komichi __-__ *cup*

nom
chidzitiro __-__ curtain

nom
cheka __-__ cut

act
cutlassi __-__ cutlass

nom
cimbili __-__ cymbal

nom
baba __-__ dad

nom
tamba __-__ dance

act
sviba __-__ dark

adj
rima __-__ darkness

nom
mudiwa __-__ darling

nom
musi __-__ date

nom
mambakwedza __-__ dawn

nom
zuva __-__ day

nom

kwaedza __-__ daybreak

nom
rufu __-__ death

nom
chikwreti __-__ debt

nom
gonyagumi __-__ decagon

nom
Zvita __-__ December

nom
uchengedzo __-__ deception

nom
mbudzi __-__ deer

nom
kundwa __-__ defeat

nom
anofadza __-__ delightful

adj
tumira __-__ deliver

act
kudiwa __-__ demand

nom
gwenga __-__ desert

nom
chido __-__ desire

nom
putsa __-__ destroy

act.-es plural
kushingirira __-__ determination

nom

kubudirira __-__ *development*

nom

mhandu __-__ *devil*

nom

duramazwi __-__ *dictionary*

nom

akaita __-__ *did*

ydy

ifa __-__ *die*

act

zvakasiyana __-__ *different*

adj

gozha __-__ *difficult*

adj

chiremera __-__ *dignity*

nom.-es plural

Dinka __-__ *Dinka*

language of Africa nom

dzora __-__ *discipline*

act

chidoonyera __-__ *discord*

nom

chirwere __-__ *disease*

nom

chinyadzi __-__ *disgrace*

nom

ndiro __-__ *dish*

nom

dispozitioni __-__ *disposition*

nom

diss __-__ *diss*

nom

kusiyaniswa __-__ *distinguished*

adj

govanisa __-__ *divide*

act

govaniso __-__ *division*

nom

ita __-__ *do*

act

dhokotera __-__ *doctor*

nom

chidhori __-__ *doll*

nom

it __-__ *done*

done*t dy*

mbongoro __-__ *donkey*

nom
mukova __-__ *door*

nom
zvisiyamwa __-__ *doubt*

nom
njiva __-__ *dove*

nom
kupasi __-__ *down*

adv
akainwa __-__ *drank*

ydy
dhirowa __-__ *draw*

act
rota __-__ *dream*

act
pfeka __-__ *dress*

nom
inwa __-__ *drink*

act
dhiraivha __-__ *drive*

act
muchairi __-__ *driver*

nom
donhedza __-__ *drop*

nom
donhedza __-__ *drop*

act
nyura __-__ *drown*

act
mushonga __-__ *drug*

nom
ngoma __-__ *drum*

nom
chidhakwa __-__ *drunkard*

nom
yakaoma __-__ *dry*

adj

pfuwira __-__ *dry*

act
mwaka yakaoma __-__ *dry season*

nom
dhadha __-__ *duck*

nom
nguva __-__ *duration*

nom
huruva __-__ *dustpan*

nom
basa __-__ *duty*

responsibility nom
ese __-__ *each*

adj
gondo __-__ *eagle*

nom
nzeve __-__ *ear*

nom
nzeve chigwishu __-__ *earpiece*

nom
pasirose __-__ *earth*

nom
mbwenda __-__ *earthquake*

nom
irinyore __-__ *easy*

adj
idya __-__ *eat*

act
idy __-__ *eaten*

done$_t$ *dy*
ebola __-__ *ebola*

nom
hupfumi __-__ *economy*

nom

kudzidza __-__ *education*

nom
i __-__ *ee*

pho
rutsanziro __-__ *effort*

nom
zai __-__ *egg*

nom
sere __-__ *eight*

the number 8 adj
gumi nesere __-__ *eighteen*

adj
makumi masere __-__ *eighty*

adj
magetsi __-__ *electricity*

sci
gumi neimwe __-__ *eleven*

adj
igasva __-__ *empty*

adj
rudzira __-__ *encourage*

act
pera __-__ *end*

nom
eneji __-__ *energy*

sci
Chirungu __-__ *English*

a language nom
mhandu __-__ *enmity*

nom
pinda __-__ *enter*

act
Eritrea __-__ *Eritrea*

nom
Ethiopia __-__ *Ethiopia*

nom
manheru __-__ *evening*

nom

vese __-__ *everyone*

pro
zvese __-__ *everything*

pro
kwese __-__ *everywhere*

pro
hutsinye __-__ *evil*

nom
zama __-__ *exam*

nom
muyenzaniso __-__ *example*

nom
pamusoroi __-__ *excuse me*

exc
dhura __-__ *expensive*

adj
chiitiko __-__ *experience*

nom
tsanangura __-__ *explain*

act
rumbidza __-__ *exultation*

nom
bhorare ziso __-__ *eyeball*

nom
hobi reziso __-__ *eyebrow*

nom
ngano __-__ *fable*

nom
mucheka __-__ *fabric*

nom
chiso __-__ *face*

nom
vimbo __-__ *faith*

nom
donha __-__ *fall*

act
nhema __-__ *falsification*

nom
mhuri __-__ *family*

relatives nom
ane mbiri __-__ *famous*

adj
bhabhaisa __-__ *fare well*

exc
purazi __-__ *farm*

nom
murimi __-__ *farmer*

nom
sura __-__ *fart*

nom
mafuta __-__ *fat*

adj
tsvete __-__ *favouritism*

nom
kutya __-__ *fear*

nom
munhenga __-__ *feather*

nom
kunzwa __-__ *feel*

act
mutero __-__ *fees*

nom
tsoka __-__ *feet*

plural
akadonha __-__ *fell*

ydy
munhukadzi __-__ *female*

nom
rusosa __-__ *fence*

nom
kupisa muviri __-__ *fever*

nom
gumi neshanu __-__ *fifteen*

adj
makumi mashanu __-__ *fifty*

adj
kurwa __-__ *fight*

act
faira __-__ *file*

nom
firimu __-__ *film*

nom
tsvaga __-__ *find*

act
chigunwe __-__ *finger*

nom
pedza __-__ *finish*

act
moto __-__ *fire*

nom
motorukuni __-__ *firewood*

nom
hove __-__ *fish*

nom.-es plural
muredzi __-__ *fisherman*

nom
chibhakera __-__ *fist*

nom
shanu __-__ *five*

adj
mureza __-__ *flag*

nom
bwinga __-__ *flesh*

nom
uriri __-__ *floor*

nom
flour __-__ *flour*

nom
ruva __-__ *flower*

nom
munanzi __-__ *flute*

nom
bhururuka __-__ *fly*

act
nhunzi __-__ *fly*

nom
peta __-__ *fold*

act
teera __-__ *follow*

act
upenzi __-__ *folly*

nom

chikafu __-__ *food*

nom
benzi __-__ *fool*

nom
tsoka __-__ *foot*

nom
bhora __-__ *football*

foot ball nom
zve __-__ *for*

pre
huma __-__ *forehead*

nom
mutorwa __-__ *foreigner*

nom
sango __-__ *forest*

nom
kanganwa __-__ *forget*

act
hanganwa __-__ *forgetfulness*

nom
foku __-__ *fork*

nom
makumi mana __-__ *forty*

adj
dzikiso __-__ *foundation*

nom
ina __-__ *four*

adj
munhu ina __-__ *four persons*

gumi neina __-__ *fourteen*

adj
chechina __-__ *fourth*

adj
chikamu __-__ *fraction*

nom
Furanzi __-__ *France*

nom
rusununguko __-__ *freedom*

nom
inotonhora __-__ *freezing*

adj
chiFrench __-__ *French*

nom
nyoro __-__ *fresh*

adj
gakava __-__ *friction*

nom
Chishanu __-__ *Friday*

nom
shamwari __-__ *friend*

nom
datya __-__ *frog*

nom
kubva __-__ *from*

pre
mberi __-__ *front*

nom
michero __-__ *fruit*

nom
Fula __-__ *Fula*

nom
yakazara __-__ *full*

adj
mariro __-__ *funeral*

nom
ramangwana __-__ *future*

nom
GaDangme __-__ *GaDangme*

nom

garoni __-__ *gallon*

nom
mutambo __-__ *game*

nom
chichese __-__ *gang*

nom
gweta __-__ *gap*

nom
garaji __-__ *garage*

nom
car __-__ *gari*

nom
akaipa __-__ *gave*

ydy
Gbe __-__ *Gbe*

nom
Deutsche __-__ *German*

the language of Germany nom
Jerimani __-__ *Germany*

nom
tora __-__ *get*

act
Ghana __-__ *Ghana*

country of Africa nom
chipoko __-__ *ghost*

nom
chipo __-__ *gift*

nom
kikuyu __-__ *Gikuyu*

nom
tsangamidzi __-__ *ginger*

nom
twiza __-__ *giraffe*

nom
ipa __-__ *give*

act
mbiri __-__ *glory*

nom

enda __-__ *go*

act
mbudzi __-__ *goat*

nom
ndarama __-__ *gold*

nom
ndarama __-__ *gold*

sci
mujejeje mujejeje __-__ *gong gong*

nom
zvakanaka __-__ *good*

nom
chakanaka __-__ *good*

adj
masikati akanaka __-__ *good afternoon*

exc
manheru akanaka __-__ *good evening*

exc
mangwanani akanaka __-__ *good morning*

exc
sekwe mapundu __-__ *goosebumps*

nom
makuhwa __-__ *gossip*

nom
akatora __-__ *got*

ydy
tonga __-__ *govern*

act
kutonga __-__ *governance*

nom
hurumende __-__ *government*

nom.-es plural
gavhuna __-__ *governor*

nom
Nyasha __-__ *gracious*

adj
gram __-__ *gramme*

nom
sekuru __-__ *grandfather*
dad of mother or dad nom
mbuya __-__ *grandma*
mother of mother or dad nom
hwiza __-__ *grasshopper*

nom
girizi __-__ *grease*

nom
guru __-__ *great*

adj
girini __-__ *green*

adj
mhoresa __-__ *greet*

act
huhudzo __-__ *grief*

nom
groini __-__ *groin*

nom
nzungu __-__ *groundnut*

nom
muenzi __-__ *guest*

nom
Gini __-__ *Guinea*

nom
guinea-fowl __-__ *guinea-fowl*

nom
gata __-__ *gutter*

nom
muitiro __-__ *habit*

nom
kumba __-__ *habitat*

nom
akaanea __-__ *had*

ydy
vhudzi __-__ *hair*

nom
chidimbu __-__ *half*

nom
rumu ye kugarira __-__ *hall*

nom
hareruya __-__ *hallelujah*

exc
sando __-__ *hammer*

nom
ruoko __-__ *hand*

nom
zviitike __-__ *happen*

act
rufaro __-__ *happiness*

nom
bhavhadhe rinofadza __-__ *happy birthday*

exc
goredzva rakanaka __-__ *happy new year*

exc
yakaoma __-__ *hard*

adj
dambudziko __-__ *hardship*

nom
anoanea __-__ *has*

tdy
ngowani __-__ *hat*

nom
venga __-__ *hate*

act
Hausa __-__ *Hausa*

nom
ane __-__ *have*

act
hawk __-__ *hawk*

nom
iye __-__ *he*

pro
musoro __-__ *head*

nom
kutemwa ne musoro __-__ *headache*

nom
giya yemusoro __-__ *headgear*

nom
musoro __-__ *heading*

nom
sikafi __-__ *headscarf*

nom
bumbunuka __-__ *heal*

act
hutano __-__ *health*

nom
inzwa __-__ *hear*

act
akainzwa __-__ *heard*

ydy

moyo __-__ *heart*

nom
inorema __-__ *heavy*

adj
chitsitsinho __-__ *heel*

nom
urebu __-__ *height*

nom
chikopokopo __-__ *helicopter*

nom
batsira __-__ *help*

act
ake __-__ *her*

pos
pano __-__ *here*

nom
pano __-__ *here*

adv
gonyanhatu __-__ *hexagon*

nom
minhikwi __-__ *hiccups*

nom
dehwe __-__ *hide*

nom
chikomo __-__ *hill*

nom
mvuu __-__ *hippopotamus*

nom
ake __-__ *his*

pos
chake __-__ *his*

pro
makare __-__ *history*

nom
badza __-__ *hoe*

nom
akabata __-__ *hold*

act

buri __-__ *hole*

nom

imba __-__ *home*

nom

huchi __-__ *honey*

nom

tariro __-__ *hope*

nom

bhosvo __-__ *horn*

nom

bhiza __-__ *horse*

nom

inopisa __-__ *hot*

adj

hotera __-__ *hotel*

nom

awa __-__ *hour*

nom

imba __-__ *house*

nom

nhunzi __-__ *housefly*

nom

seyi __-__ *how*

adv

uri sei __-__ *how are you*

exc
ndambarukuse __-__ *human*

nom
ndambarukuse ndudzi __-__ *humankind*

nom
zana __-__ *hundred*

adj
nzara __-__ *hunger*

nom
haidhirojeni __-__ *hydrogen*

nom
haidhirojeni __-__ *hydrogen*

sci
ini __-__ *I*

pro
aizi kirimu __-__ *ice-cream*

nom.-es plural
kana __-__ *if*

cjn
kana ... ndicha __-__ *if ... then*

cjn

Igibo __-__ *Igbo*

nom
mufananidzo __-__ *image*

nom
kubudirira __-__ *improvement*

nom
mu __-__ *in*

pre
mu bishi __-__ *inactive*

adj
wedzera __-__ *increase*

act
rusungunuko __-__ *independence*

nom
India __-__ *India*

country of Asia nom
indigo __-__ *indigo*

adj
kusingapere __-__ *infinity*

the number nom
vara __-__ *injure*

act
ingi __-__ *ink*

nom
tezvara na ambuuya __-__ *inlaw*

nom
mukati __-__ *inside*

adv
batanidza __-__ *integrate*

act
dande __-__ *internet*

nom
ari __-__ *is*

tdy
Isilam __-__ *Islam*

nom
chirairo __-__ *Islamic*

of Islam adj

chitsuwa __-__ *island*

nom
nhaurwa __-__ *issue*

nom
icho __-__ *it*

pro
Italiya __-__ *Italy*

nom
munyanga __-__ *ivory*

nom
jere __-__ *jail*

nom
Jamaika __-__ *Jamaica*

nom
Ndira __-__ *January*

nom
Japani __-__ *Japan*

nom
ja __-__ *jar*

nom
jinhi __-__ *jeans*

nom
Jesus __-__ *Jesus*

nom
basa __-__ *job*

nom
batana __-__ *join*

act
zvipfundo __-__ *joint*

nom
nyambo __-__ *joke*

nom
mupunga __-__ *jollof*

nom
jonalist __-__ *journalist*

nom
mutongi __-__ *judge*

nom
mutongo __-__ *judgement*

nom
Chikunguru __-__ *July*

nom
uruka __-__ *jump*

act
Chikumi __-__ *June*

nom
tsvina __-__ *junk*

nom
ruramo __-__ *justice*

nom
chengeta __-__ *keep*

act
Kenya __-__ *Kenya*

nom
akachengeta __-__ *kept*

ydy
svumbunuro __-__ *key*

nom
kibab __-__ *khebab*

nom
itsvo __-__ *kidney*

nom

uraya __-__ *kill*

act
kilomita __-__ *kilometre*

nom
mambo __-__ *king*

nom
tsvoda __-__ *kiss*

act
kicheni __-__ *kitchen*

nom
mabvi __-__ *knee*

nom
ziva __-__ *know*

act

ruzivo __-__ *knowledge*

nom
Kongo __-__ *Kongo*

language of Congo nom
koran __-__ *koran*

nom
mbenembe __-__ *lady*

nom
dziva __-__ *lake*

nom
gwayana __-__ *lamb*

nom
nzvimbo __-__ *land*

nom
mhara __-__ *land*

act
nonoka __-__ *late*

adv
pavapaya __-__ *later*

adv
seka __-__ *laugh*

act
geza __-__ *launder*

act
mutemo __-__ *law*

nom
gweta __-__ *lawyer*

nom
tungamira __-__ *lead*

act
mutungamiri __-__ *leader*

nom
shizha __-__ *leaf*

nom
dzidza __-__ *learn*

act
siya __-__ *leave*

act

mucheto __-__ *ledge*

nom
kuruboshwe __-__ *left*

adj
akasiya __-__ *left*

ydy
gumbo __-__ *leg*

nom
ndimu __-__ *lemon*

a fruit nom
ipowo __-__ *lend*

act
urefu __-__ *length*

nom
tsitsi __-__ *leniency*

nom
ziso __-__ *lens*

nom
mbada __-__ *leopard*

nom
chidzidzo __-__ *lesson*

nom
regedza __-__ *let*

act
tsamba __-__ *letter*

nom
mutero __-__ *levy*

nom
munyepi __-__ *liar*

nom
raibhurari __-__ *library*

nom
Ribhiya __-__ *Libya*

nom
muvharo __-__ *lid*

nom
nyepa __-__ *lie*

nom
chiedza __-__ *light*

nom
chiedza huremu __-__ *lightweight*

adj
farira __-__ *like*

act
kufanana __-__ *likeness*

nom
musvi __-__ *lime*

nom
mutsetse __-__ *line*

nom
Lingala __-__ *Lingala*

nom

kochekero __-__ *link*

nom
shumba __-__ *lion*

nom
maromo __-__ *lip*

nom
terera __-__ *listen*

act
vatereri __-__ *listener*

nom
diki __-__ *little*

nom
gara __-__ *live*

act
chiropa __-__ *liver*

nom
dzinyu __-__ *lizard*

nom
chikwereti __-__ *loan*

nom
svumbunuro __-__ *lock*

nom
rumu yekuroja __-__ *lodge*

nom
chikwangwani __-__ *logo*

nom
tarisa __-__ *look*

act
rhorhi __-__ *lorry*

nom
shaya __-__ *lose*

act
akashaya __-__ *lost*

ydy

inda __-__ *louse*

nom
ida __-__ *love*

act
rudo __-__ *love*

nom
Luganda __-__ *Luganda*

nom
Luwo __-__ *Luwo*

nom
upfumi __-__ *luxury*

nom
mushina __-__ *machine*

nom
mbenembe __-__ *madam*

nom
akagadzira __-__ *made*

ydy
musikana we basa __-__ *maid*

nom
chengetedza __-__ *maintain*

act
gadzira __-__ *make*

act
Malagasy __-__ *Malagasy*

nom
msarara __-__ *malaria*

nom
hono __-__ *male*

nom
minija __-__ *manager*

nom
mango __-__ *mango*

nom
mepu __-__ *map*

nom
musika __-__ *market*

nom
wanano __-__ *marriage*

nom
roora __-__ *marry*

act
huremu __-__ *mass*

sci
tenzi __-__ *master*

nom
bata __-__ *masticate*

act
rukukwe __-__ *mat*

nom
sviro __-__ *mate*

act
masvomhu __-__ *mathematics*

nom
Chivabvu __-__ *May*

nom
ini __-__ *me*

pro
yera __-__ *measure*

act
nyama __-__ *meat*

nom

sangana __-__ *meet*

act
musangano __-__ *meeting*

nom
nwiwa __-__ *melon*

nom
murume __-__ *men*

plural
shoko __-__ *message*

nom
akasangana __-__ *met*

ydy
simbi __-__ *metal*

nom
mamita __-__ *meter*

nom
mita __-__ *metre*

nom
mamaira __-__ *mile*

nom
mukaka __-__ *milk*

nom
mhunga __-__ *millet*

nom
pfungwa __-__ *mind*

nom
miniti __-__ *minute*

nom
agbayun __-__ *miracle fruit*

nom
chiringiro __-__ *mirror*

nom
suwa __-__ *miss*

act
mbenembe __-__ *miss*

nom
va __-__ *missus*

nom

musakasaka __-__ *mist*

nom
a zvino __-__ *modern*

adj
zvino __-__ *moment*

nom
Muvhuro __-__ *Monday*

nom
mari __-__ *money*

nom
tsoko __-__ *monkey*

nom
chikara __-__ *monster*

nom.-es plural
mwedzi __-__ *month*

nom
mwedzi __-__ *moon*

nom
chimedu __-__ *morsel*

nom
duri __-__ *mortar*

nom
musikiti __-__ *mosque*

Islamic house of prayer nom.-es plural

utunga __-__ *mosquito*

nom
amai __-__ *mother*

nom
gomo __-__ *mountain*

nom
gonzo __-__ *mouse*

nom
muromo __-__ *mouth*

nom
dhaka __-__ *mud*

nom
kukumutsa __-__ *multiplication*

nom
uraya __-__ *murder*

nom
mhondi __-__ *murderer*

nom
hohwa __-__ *mushroom*

nom
nhapitapi __-__ *music*

nom
muimbi __-__ *musician*

nom
muslim __-__ *muslim*

nom
angu __-__ *my*

pos
nzwara __-__ *nail*

nom
chipikiri __-__ *nail*

nom
zita __-__ *name*

nom
Namibhiya __-__ *Namibia*

nom
Namibia __-__ *Namibian*

nom
anokodzerana __-__ *napkin*

nom
kadani __-__ *necklace*

nom
kuda __-__ *need*

act
tsono __-__ *needle*

nom
raini __-__ *neighbourhood*

nom
vanabhudhi murumbwana __-__ *nephew*

son of sibling nom
atomu __-__ *neutron*

sci
itsva __-__ *new*

adj
nhau __-__ *news*

nom
mwana wabhudhi __-__ *niece*

daughter of sibling nom
Nigeria __-__ *Nigeria*

nom
husiku __-__ *night*

the dark part of a day nom

husiku __-__ *nightfall*

nom

pfumbamwe __-__ *nine*

adj

gumi nepfumbamwe __-__ *nineteen*

adj

chegumi nepfumbamwe __-__ *nineteenth*

adj

makumi manomwe __-__ *ninety*

adj

kwete __-__ *no*

exc

musindo __-__ *noise*

nom

gonyambamwe __-__ *nonagon*

nom

masikati __-__ *noon*

nom

mhino __-__ *nose*

nom

hapana __-__ *nothing*

nom

Mbudzi __-__ *November*

nom

izvozvi __-__ *now*

adv

mhumba __-__ *nucleus*

sci

nhamba __-__ *number*

nom

mukoti __-__ *nurse*

nom

o __-__ *oa*

pho

chovha __-__ *oar*

nom

mhiko __-__ *oath*

nom
we __-__ *of*

pre
hofisi __-__ *office*

nom
maiwe __-__ *oh*

exc
mafuta __-__ *oil*

nom
yachembera __-__ *old*

adj
chembere __-__ *old lady*

old woman nom
chembera murume __-__ *old man*

nom
potsi __-__ *one*

adj
poshi __-__ *one*

pro
hanyanhisi __-__ *onion*

nom
chete __-__ *only*

adj
vhura __-__ *open*

act
udzvinyiriri __-__ *oppression*

nom
sarudzo __-__ *option*

nom
raranji __-__ *orange*

adj
ranjisi __-__ *orange*

nom
edu __-__ *our*

pos
kunze __-__ *outdoors*

nom
chikwereti __-__ *owe*

act
muridzi __-__ *owner*

nom
okisijeni __-__ *oxygen*

nom
okisijeni __-__ *oxygen*

sci
bhagidhi __-__ *pail*

nom
rwadza __-__ *pain*

nom

pani __-__ *pan*

nom
popo __-__ *papaya*

nom
vabereki __-__ *parents*

nom
paramende __-__ *parliament*

nom
paroti __-__ *parrot*

nom
chikamu __-__ *part*

nom
bira __-__ *party*

nom

chihori __-__ *password*

nom
kunamira __-__ *paste*

act
mupuristi __-__ *pastor*

nom
penzura __-__ *pencil*

nom
kushingirira __-__ *patience*

nom
murwere __-__ *patient*

nom
bhadhara __-__ *pay*

nom
mboro __-__ *penis*

act
runyararo __-__ *peace*

nom
gonyashanu __-__ *pentagon*

nom
peacock __-__ *peacock*

nom
chipiripiri __-__ *pepper*

nom
chobora __-__ *peck*

act
manyengapwere __-__ *pedophile*

nom
munhu __-__ *person*

nom
peni __-__ *pen*

nom
muhwi __-__ *pestle*

nom
hurwa __-__ *phlegm*

nom
runhare __-__ *phone*

nom
mufananidzo __-__ *photograph*

nom
fizikisi __-__ *physics*

nom
payi __-__ *pie*

nom
pombi __-__ *pipe*

nom
pitsa __-__ *pizza*

nom
nzvimbo __-__ *place*

nom
ronga __-__ *plan*

act
nyenyedzi __-__ *planet*

nom
bamhanwa __-__ *plank*

nom
chisimwa __-__ *plant*

nom
rizi __-__ *plantain*

nom
purasitiki __-__ *plastic*

adj
tamba __-__ *play*

nom
tamba __-__ *play*

act
demba __-__ *please*

adv
homwe __-__ *pocket*

nom
chinongedzo __-__ *pointer*

nom
mapurisa __-__ *police*

nom
matongero enyika __-__ *politics*

nom
nhamo __-__ *poor*

adj
porridge __-__ *porridge*

nom
mutakuri __-__ *porter*

nom
posita hofisi __-__ *post office*

nom
poto __-__ *pot*

nom
dira __-__ *pour*

act
namata __-__ *pray*

act

munamato __-__ *prayer*

nom
kureva __-__ *preface*

nom
gadziriro __-__ *preparation*

nom
mutungamiri __-__ *president*

nom
press __-__ *press*

act
mutengo __-__ *price*

nom
jeri __-__ *prison*

nom
rayira __-__ *proclamation*

nom
chigadzirwa __-__ *product*

nom
mudzidzisi __-__ *professor*

nom
chibviko __-__ *profit*

nom
hurongwa __-__ *project*

nom
chitsidzo __-__ *promise*

nom
chirevo __-__ *pronoun*

nom
muprofita __-__ *prophet*

nom
muzvina bhizimisi __-__ *proprietor*

nom
kubudirira __-__ *prosperity*

nom
bvumbamira __-__ *protect*

act

ubvumbamiro __-__ *protection*

nom
tsumo __-__ *proverb*

nom
povho __-__ *public*

nom
donza __-__ *pull*

act
chinangwa __-__ *purpose*

nom
saidzira __-__ *push*

act
mitambo __-__ *puzzle*

nom
zunza __-__ *quake*

act
kuwanda __-__ *quantity*

nom
bopoto __-__ *quarrel*

nom
mambokadzi __-__ *queen*

nom

mubvunzo __-__ *question*

nom

tsuro __-__ *rabbit*

nom

makwikwi __-__ *race*

nom

mvura __-__ *rain*

water from a cloud nom

simudza __-__ *raise*

act

akamhanya __-__ *ran*

ydy

gozho __-__ *rat*

nom
verenga __-__ *read*

act
ushe __-__ *realm*

nom
chikonzero __-__ *reason*

nom
gonyaina __-__ *rectangle*

nom
tsvuku __-__ *red*

adj
dzora __-__ *reduce*

act
rudekaro __-__ *refuge*

nom
hama __-__ *relative*

nom

yeuka __-__ *remember*

act
bvisa __-__ *remove*

act
rendi __-__ *rent*

nom
tsiva __-__ *replace*

act
mhan'ara __-__ *report*

nom
kumbira __-__ *request*

act
chikumbiro __-__ *request*

nom
remekedza __-__ *respect*

nom
bvuvano __-__ *responsibility*

nom
resitorendi __-__ *restaurant*

nom
kumuka __-__ *resurrection*

nom
dzoka __-__ *return*

act
buditsa __-__ *reveal*

act
mhan'ara __-__ *revelation*

nom
mbereko __-__ *revival*

nom
mupunga __-__ *rice*

nom
pfuma __-__ *rich*

adj
zvirahwe __-__ *riddle*

nom
kodzero __-__ *rights*

nom
mwera __-__ *rival*

nom
kwikwidzo __-__ *rivalry*

nom
rwizi __-__ *river*

nom
dombo __-__ *rock*

nom
roketi __-__ *rocket*

nom.-es plural
denga __-__ *roof*

nom
rumu __-__ *room*

nom
wora __-__ *rot*

act
marara __-__ *rubbish*

nom
zvitongi __-__ *rule*

nom
mhanya __-__ *run*

act
bvoronga __-__ *sabotage*

nom
saga __-__ *sack*

nom
suwa __-__ *sad*

adj
akatia __-__ *said*

ydy
munyu __-__ *salt*

nom
jecha __-__ *sand*

nom
akaimba __-__ *sang*

ydy
Mugovera __-__ *Saturday*

nom

chengeta __-__ *save*

act
akaona __-__ *saw*

ydy
akaona __-__ *saw*

nom
ti __-__ *say*

act
kurova __-__ *scarcity*

nom
chinotyisa __-__ *scary*

adj
chikoro __-__ *school*

nom
chikoro __-__ *schooling*

school learning nom
sayenitsi __-__ *science*

nom
chigero __-__ *scissors*

nom
rize __-__ *scorpion*

nom
Scotland __-__ *Scotland*

nom
tsvaga __-__ *search*

act
chigaro __-__ *seat*

nom
sekondi __-__ *second*

nom
chakavanzika __-__ *secret*

nom
chakavanzika __-__ *secret*

adj
ona __-__ *see*

act
mhodzi __-__ *seed*

nom

sarudza __-__ *select*

act
i __-__ *self*

nom
humbimbindoga __-__ *selfishness*

nom
tengesa __-__ *sell*

act
tuma __-__ *send*

act
Senegaro __-__ *Senegal*

nom
zvirevo __-__ *sentence*

nom
Gunyana __-__ *September*

nom
musevenzi __-__ *servant*

nom
chirango __-__ *service*

nom
nomwe __-__ *seven*

adj
gumi nenomwe __-__ *seventeen*

adj
chekuti nenomwe __-__ *seventeenth*

adj
makumi mapfumbamwe __-__ *seventy*

adj
bonde __-__ *sex*

nom
bvute __-__ *shade*

nom
nyadzi __-__ *shame*

nom
muumbirwo __-__ *shape*

nom
mugove __-__ *share*

nom
govera __-__ *share*

act
iye __-__ *she*

pro
hwai __-__ *sheep*

animal nom
demhe __-__ *shell*

nom
ngarava __-__ *ship*

nom
shati __-__ *shirt*

nom
shangu __-__ *shoe*

nom
Shona __-__ *Shona*

nom
shopu __-__ *shop*

nom
pfupi __-__ *short*

adj
bendekete __-__ *shoulder*

nom
shedzera __-__ *shout*

act
vanin'ina/ vakoma __-__ *sibling*

child of my mother or my dad nom

chiratidzo __-__ *sign*

nom
kunyarara __-__ *silence*

nom
sirivha __-__ *silver*

nom
sirivha __-__ *silver*

sci
imba __-__ *sing*

act
changamire __-__ *sir*

nom
gara __-__ *sit*

act
tanhatu __-__ *six*

adj
gumi nenhanhatu __-__ *sixteen*

adj
chegumi nenhanhatu __-__ *sixteenth*

adj
makumi matanhatu __-__ *sixty*

adj
unyanzvi __-__ *skill*

nom
ganda __-__ *skin*

nom
siketi __-__ *skirt*

nom
denga __-__ *sky*

nom
chiredhi __-__ *slate*

nom
rara __-__ *sleep*

act
akarara __-__ *slept*

ydy
hwashu __-__ *slippers*

kasahorow

nom
zvishoma __-__ *slowly*

adv
idiki __-__ *small*

adj
fembedza __-__ *smell*

act
sekerera __-__ *smile*

act
hozhwe __-__ *snail*

nom
nyoka __-__ *snake*

an animal nom
hotsira __-__ *sneeze*

act
chando __-__ *snow*

nom
kudayi __-__ *so*

cjn
sipo __-__ *soap*

nom
nhabvu __-__ *soccer*

nom
sokisi __-__ *sock*

nom
chigaro __-__ *sofa*

nom
chakapfava __-__ *soft*

adj
mauto __-__ *soldier*

nom
chete __-__ sole

nom
Somari __-__ Somali

nom
nhingi __-__ somebody

pro
onini __-__ something

pro
onini __-__ something

nom
kumwe kunhu __-__ somewhere

pro
chimbo __-__ song

nom
manje manje __-__ soon

adv
chironda __-__ sore

nom
ndine hurombo __-__ sorry

exc
ruzha __-__ sound

nom
muto __-__ soup

nom
chamhembe __-__ south

nom
dyara __-__ sow

act
chiSpanish __-__ Spanish

nom
taura __-__ speak

act
chacho __-__ specific

adj
muoni __-__ spectator

nom
buve __-__ spider

nom
shavi __-__ *spirit*

nom
dambura __-__ *split*

act
mutauriri __-__ *spokesperson*

nom
chipanje __-__ *sponge*

nom
chipunu __-__ *spoon*

nom
pararira __-__ *spread*

act
bopoto __-__ *squabbles*

nom
staff __-__ *staff*

nom
mira __-__ *stand*

act
nyeredzi __-__ *star*

nom
tanga __-__ *start*

act
hunhu __-__ *state*

nom
chirevo __-__ *statement*

nom.-es plural
chiteshi __-__ *station*

nom
iba __-__ *steal*

act
baba vokurera __-__ *stepfather*

new husband of your mother nom.-
es plural
nyama ne miriwo __-__ *stew*

nom
nama __-__ *stick*

nom
ibwe __-__ *stone*

nom
chigaro __-__ *stool*

nom
mira __-__ *stop*

nom
chitoro __-__ *store*

nom
fashamu __-__ *storm*

nom
nyambo __-__ *story*

nom
sitovhu __-__ *stove*

nom
rwizi __-__ *stream*

nom
mugwagwa __-__ *street*

nom
kusimba __-__ *strength*

nom
tambo __-__ *string*

nom
devaira __-__ *stroll*

nom
yakasimba __-__ *strong*

adj
mudzidzi __-__ *student*

nom

donha __-__ *stumble*

act
benzi __-__ *stupid*

adj
kubvisa __-__ *subtraction*

nom
kutambudzika __-__ *suffering*

nom
tsvigiri __-__ *sugar*

nom
nzimbe __-__ *sugarcane*

nom
uzuru __-__ *summit*

nom
zuva __-__ *sun*

the star of the earth nom
Svondo __-__ *Sunday*

nom
mashambanzou __-__ *sunrise*

nom
kuwanikwa __-__ *supply*

nom
shamiso __-__ *surprise*

nom
komberedza __-__ *surround*

act
Swahili __-__ *Swahili*

nom
inotapira __-__ *sweet*

adj
mbambaira __-__ *sweet potato*

nom
kurumidza __-__ *swift*

nom.-es plural
muzerere __-__ *swing*

nom
chikwangwani __-__ *symbol*

nom

tesvo __-__ *syringe*

nom

sikipa __-__ *t-shirt*

nom

tafura __-__ *table*

nom

muswe __-__ *tail*

nom

tora __-__ *take*

act

reketa __-__ *talk*

act

ngoma dzinoreketa __-__ *talking drum*

nom

pombi __-__ *tap*

nom

raira __-__ *taste*

act

muripo __-__ *tax*

nom

tekisi __-__ *taxi*

nom

tii __-__ *tea*

nom

dzidzisa __-__ *teach*

act

bvarura __-__ *tear*

act

musodzi __-__ *tear*

nom

achiri kuyaruka-pamuviri __-__ *teenage pregnancy*

nom
achiri kuyaruka __-__ *teenager*

nom
zino __-__ *teeth*

plural
terevhizheni __-__ *television*

nom
taura __-__ *tell*

act
temberi __-__ *temple*

house of prayer nom.-es plural
gumi __-__ *ten*

adj
testamente __-__ *testament*

nom
tenda __-__ *thank*

act
ndatenda __-__ *thank you*

exc
tinotenda __-__ *thanks*

exc
__-__ *the*

det
chinhu __-__ *the thing*

avo __-__ *their*

pos
ndobva __-__ *then*

adv
apo __-__ *there*

nom
uko __-__ *there*

adv
ivo __-__ *they*

pro
mbavha __-__ *thief*

nom
chidya __-__ *thigh*

nom
tete __-__ *thin*

adj
chinhu __-__ *thing*

nom
nyota __-__ *thirst*

nom
gumi nenhatu __-__ *thirteen*

adj
makumi matatu __-__ *thirty*

adj
iri __-__ *this*

det
pfungwa __-__ *thought*

nom
akafunga __-__ *thought*

ydy
chiuru __-__ *thousand*

adj
tatu __-__ *three*

adj

budirira __-__ *thrive*

act
huro __-__ *throat*

nom
chigaro cheushe __-__ *throne*

nom
rasa __-__ *throw*

act
chigunwe chikuru __-__ *thumb*

nom
bhanan'ana __-__ *thunder*

nom
China __-__ *Thursday*

nom
tikiti __-__ *ticket*

nom
taiga __-__ *tiger*

nom
nguva __-__ *time*

nom
chegumi __-__ *tithe*

chimbuzi __-__ *toilet*

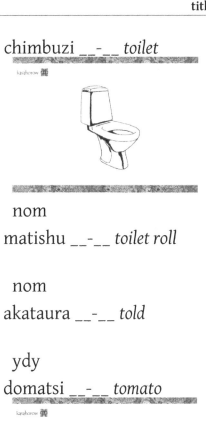

nom
musoro __-__ *title*

nom
ku __-__ *to*

nom
matishu __-__ *toilet roll*

pre
fodya __-__ *tobacco*

nom
akataura __-__ *told*

nom
nhasi __-__ *today*

ydy
domatsi __-__ *tomato*

adv
mwanana __-__ *toddler*

nom
gunwe __-__ *toe*

nom
rurimi __-__ *tongue*

nom
pamwechete __-__ *together*

adv
Togo __-__ *Togo*

nom
zino __-__ *tooth*

nom

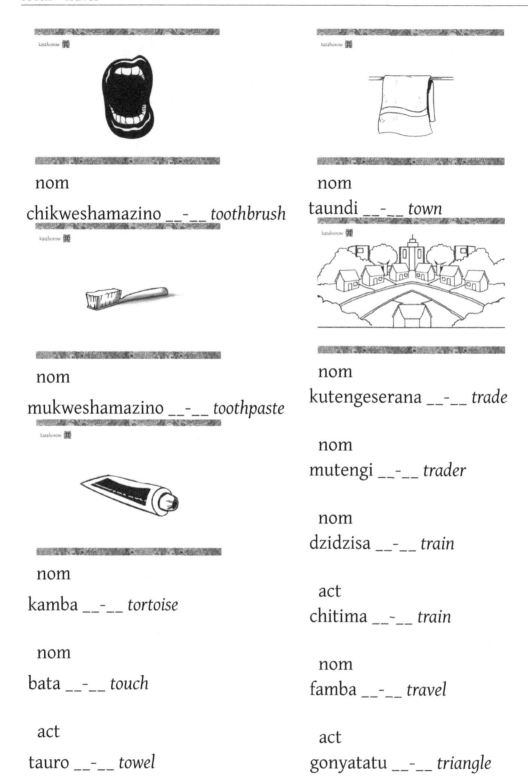

nom

chikweshamazino __-__ *toothbrush*

nom

mukweshamazino __-__ *toothpaste*

nom

kamba __-__ *tortoise*

nom

bata __-__ *touch*

act

tauro __-__ *towel*

nom

taundi __-__ *town*

nom

kutengeserana __-__ *trade*

nom

mutengi __-__ *trader*

nom

dzidzisa __-__ *train*

act

chitima __-__ *train*

nom

famba __-__ *travel*

act

gonyatatu __-__ *triangle*

nom
rasisa __-__ *trick*

nom
chokwadi __-__ *truly*

adv
chokwadi __-__ *truth*

nom
Chipiri __-__ *Tuesday*

nom
toki __-__ *turkey*

a bird of America nom
chegumi nembiri __-__ *twelfth*

adj
gumi nembiri __-__ *twelve*

adj
chemakumi maviri __-__ *twentieth*

adj

makumi maviri __-__ *twenty*

adj
chiTwi __-__ *Twi*

nom
piri __-__ *two*

adj
u __-__ *u*

pho
Uganda __-__ *Uganda*

nom
shata __-__ *ugly*

adj
sekuru __-__ *uncle*

brother of mother or dad nom
nzwisisa __-__ *understand*

act
asingazivi __-__ *unfamiliar*

adj
batanidza __-__ *unite*

act
kubatana __-__ *unity*

nom
yunivhesiti __-__ *university*

nom
kumusoro __-__ *up*

adv
Ururimi __-__ *Ururimi*

nom
shandisa __-__ *use*

act
mushandisi __-__ *user*

nom
beche __-__ *vagina*

nom
bani __-__ *valley*

nom
vasi __-__ *vase*

nom
mafuta __-__ *vegetable oil*

nom
mota __-__ *vehicle*

nom
tsinga __-__ *vein*

nom
chiito __-__ *verb*

nom
vhezheni __-__ *version*

nom
chaizvo __-__ *very*

adv
kukunda __-__ *victory*

nom
vhidhiyo __-__ *video*

nom
musha __-__ *village*

nom
vhaireti __-__ *violet*

adj
shanya __-__ *visit*

act
vhorumu __-__ *volume*

nom

rutsa __-__ *vomit*

nom
vhota __-__ *vote*

act
gora __-__ *vulture*

nom
kubowa __-__ *wailing*

nom
chiuno __-__ *waist*

nom
mirira __-__ *wait*

act
hweta __-__ *waiter*

nom
famba __-__ *walk*

act
dziro __-__ *wall*

nom
da __-__ *want*

act
hondo __-__ *war*

nom
hondo nyanga __-__ *warhorn*

nom
kunyevera __-__ *warning*

nom
mhare __-__ *warrior*

nom
mhare __-__ *warriors*

nom
akaria __-__ *was*

ydy
wona __-__ *watch*

act
chiringazuva __-__ *watch*

nom
mvura __-__ *water*

nom
saisai __-__ *wave*

nom
nzira __-__ *way*

nom
isu __-__ *we*

pro
hurema __-__ *weakness*

nom
pfeka __-__ *wear*

act
mamiriro ekunze __-__ *weather*

nom
webhu __-__ *web*

nom
webhusaiti __-__ *website*

nom
muchato __-__ *wedding*

nom
Chitatu __-__ *Wednesday*

nom
vhiki __-__ *week*

nom
huremu __-__ *weight*

nom

titambire! __-__ *welcome*

exc
zvakanaka __-__ *well*

adv
dhamu __-__ *well*

nom
wagona __-__ *well done*

exc
akaenda __-__ *went*

ydy
nyoro __-__ *wet*

adj
chii __-__ *what*

pro
vhiri __-__ *wheel*

nom
pawanga __-__ *when*

cjn
kupi __-__ *where*

adv
upi __-__ *which*

det
apo __-__ *while*

cjn
pito __-__ *whistle*

nom
chena __-__ *white*

adj
ani __-__ *who*

pro
hindava __-__ *why*

adv
shirikadzi __-__ *widow*

nom
tsvimborume __-__ *widower*

nom
ufaro __-__ *width*

nom
kuda __-__ *will*

nom
kunda __-__ *win*

act
mhepo __-__ *wind*

nom
hwindo __-__ *window*

nom
kachasu __-__ *wine*

nom
papiro __-__ *wing*

nom
pukuta __-__ *wipe*

act
hungwaru __-__ *wisdom*

nom
akachenjera __-__ *wise*

adj
muroyi __-__ *witch*

nom
huroyi __-__ *witchcraft*

nom
tora __-__ *withdraw*

act
n'anga __-__ *wizard*

nom
wurufu __-__ *wolf*

nom
Wolof __-__ *Wolof*

nom
chirambo __-__ *womb*

nom
mudzimai __-__ *women*

plural
akanda __-__ *won*

ydy
chishamiso __-__ *wonder*

nom

zwi __-__ *word*

nom
shanda __-__ *work*

act
basa __-__ *work*

nom
kushanda __-__ *working*

nom
pasirose __-__ *world*

nom
gonye __-__ *worm*

kasahorow

nom
shushika __-__ *worry*

nom
heyi! __-__ *wow*

exc
chiningoningo __-__ *wrist*

nom
nyra __-__ *write*

act
gogoya __-__ *yam*

nom
yhadi __-__ *yard*

nom
gore __-__ *year*

nom
yero __-__ *yellow*

adj
hongu __-__ *yes*

exc
asi __-__ *yet*

cjn
Yoruba __-__ *Yoruba*

nom
iwe __-__ *you*

pro
imi __-__ *you*

pro

mudiki __-__ *young*

adj
ako __-__ *your*

pos
enyu __-__ *your*

pos
hudiki __-__ *youth*

nom
Zambia __-__ *Zambia*

nom
mbizi __-__ *zebra*

nom
zero __-__ *zero*

0 adj
Zimbabwe __-__ *Zimbabwe*

nom
Zimbabwe __-__ *Zimbabwean*

nom

Shona kasahorow Library

- My First Shona Dictionary
- Concise Shona
- 102 Shona Verbs
- My First Shona Counting Book
- Shona Children's Dictionary
- Modern Shona
- Shona Learner's Dictionary
- Modern Shona Dictionary

sn.kasahorow.org/app/l

help+sn@kasahorow.org

If you are not satisfied with the quality of this book at the price you paid, please submit feedback at kasahorow.org/booktalk. We will send an updated revision free to your local library so you can go and make a copy.

Made in the USA
Middletown, DE
27 May 2022

66319291R00086